한 단어 사전, 공사公私

한 단어 사전,
공사

한 단어 사전

公私

미조구치 유조溝口雄三 지음
한림대학교 한림과학원 기획
고희탁 옮김

푸른역사

한 단어 사전을 펴내며

한 마디 말에 역사가 있다. '자연'도 '나라'도 '기술'도 시대와 함께 그 의미를 변화시키고 또 시대의 층을 헤쳐 나옴으로써 의미 내용을 풍부하게 해왔다. 부정적인 의미가 긍정적인 것으로 변화하는 경우도 있다. 예를 들어 '와비ゎび(한적한 정취)·사비さび(예스럽고 차분한 아취)'가 그렇다. 이와 반대로 예전에는 성전聖戰으로서 긍정적인 의미를 띠었던 '전쟁'이 오늘날에는 부정적인 뉘앙스를 지니고 있다. 한 단어, 한 단어가 역사와 함께 살아 숨 쉬고 있다.

많은 언어가 다른 문화의 영향을 받는다. 현대 일본어는 예로부터 전해져 내려오는 일본어(야마토 고토바)와 중국에서 유입된 한자漢字·한어漢語로 이루어져 있다. 무로마치室町 이래, 특히 막부 말기·메이지 이래의 구미어歐美語에서 온 번역어와 구미어를 가나カナ문자로 표기한 외래어가 여기에 더해졌다. 번역어나 외래어의 의미 내용은 원어의 그것과 반드시 일치하지는 않는다. 그 차이는 문화의 차이를 예민하게 반영한다. 예컨대 메이지 초기에 번역어로 채용된 '자유'는 오해를 피하기 위해 주석이 필요할 정도였다.

번역은 말의 엄밀한 정의 위에서 행해진다. 원어와 번역어에 내재되어 있는 각각의 풍토 차이도 고찰의 대상이 된다. 이러한 작업을 필요로 하지 않는 외래어의 무한정한 유행은 바람직한 현상이라고 할 수는 없을 것이다.

오늘날에는 또한 말의 조작에 의한 대중 조작 현상도 보인다. 말의 의미를 고의적으로 왜곡시키고, 계획적으로 특정한 말이 유행하도록 만든다. 말에 대한 무감각을 조장하는 이러한 유행 현상은 원래는 문화나 우리 자신의 사회 생활과 아무런 관계도 없는 것이다.

말은 그 지시 작용을 통해 사물과 교류하지만, 그와 동시에 정의 이상의 맛을 내포하며 우리들 속에서 살아 숨 쉰다. 한 사람, 한 사람이 자신의 말로 말하고 인간으로서의 본 모습을 보다 풍요롭게 만들기 위해 우리는 한 단어 한 단어의 내력을 더듬고 그것을 역사적·문화적인 시야 속에서 검토하지 않으면 안 된다. 《한 단어 사전》의 시도가 그 일에 조금이나마 도움이 되었으면 한다.

이야기에 앞서

이 《공사》라는 책은 공사公私와 오오야케·와타쿠시公私 둘로 나뉘어 기술된다.

주지의 사실이지만 公私라는 한자는 원래 중국에서 유입되었다. 한자는 표음 문자가 아니라 표의 문자이기 때문에 공사 또한 의미를 수반한 채 일본에 들어왔다. 고대 일본인들은 그 의미 속에서 일본인이 이해할 수 있는 부분만 택하고 이해할 수 없는 부분은 버리거나 혹은 새로이 일본어로서의 의미를 덧붙여 이 한자를 일본어화했다. 다른 한편으로 표의 문자인 한자를 표음 문자(만요 가나)[1]로 사용하고, 그 후 가나假名문자로 고쳐 만드는 등의 과정을 거쳐 일본어의 표기법을 완성시켰다.

공사와 같이 옛 시대에 유입되고 또 사회 생활과 관련된 추상 개념은 '코우시こうし'라는 중국 음과 '오오야케·와타쿠시'라는 일본어 훈독법 간의, 앞에서 언급한 것과 같은 의미상의 주고받음을 거쳐 성립되었다. 이 책에서는 어원을 탐구하는 형태로 '코우시'와 '오오야케·와타쿠시'가 일본어로서 하나의 단어가 되어 간 과

정을 끈질기게 추적하고자 했다. 그 방법으로서 중국어의 '공사'의 어원과 일본어의 '오오야케·와타쿠시'의 어원을 비교하면서 일본어화된 공사(오오야케·와타쿠시)에 내포된 의미의 특징을 부각시키기로 했다.

동시에 이 책에서는 일반적으로 한자가 한자 문화권의 공용 문자이지만 그 동일한 한자가 각 민족 사이에 미묘하게 의미가 다르게 사용되고 있으면서도 그 차이가 서로 의식되지 않고 있다는 사실에도 독자의 주의를 환기시키려고 노력했다.

요컨대 일본어의 공사(오오야케·와타쿠시)는 중국의 공사와는 상당히 다르다는 것이다. 그 차이를 명확히 밝히는 것은 결국 일본어의 공사(오오야케·와타쿠시) 개념의 특징을 명확히 밝히는 것으로 이어지기 때문에 이 책에서는 일본과 중국의 공사 비교라는 방법을 기본 축으로 해 기술해 나갔다.

먼저 이상의 것들을 미리 알려 양해를 구하고 싶다.

'오오야케'의
어원

훈독訓讀과 음독音讀

　우리는 '公'이라는 한자를 보고 '오오야케'(이하에서 현대 음인 경우에는 '오오야케', 옛날식 훈독법인 경우에는 '오호야케'로 구분해 사용한다)로 발음하거나 '코우こう'라고 발음한다. 이 경우 두말할 나위도 없이 '오오야케'는 훈독이고 '코우'는 음독이다. 그렇다면 훈독과 음독은 어떻게 다를까. 《고지엔廣辭苑》에 따르면 훈독은 '한자를 대응하는 일본어로 읽는 것', 음독은 '한자에서 글자 음 그대로 읽는 것'이라고 한다. 그러나 이 정도의 설명으로는 '일본어'와 '글자 음'이 각기 무엇을 가리키는지 알기 어렵다.

　본래 음독이라거나 훈독이라든가 하는 것은 무엇을 말하는 것일까.

　한자가 중국에서 유입될 때, 우선 그것은 원어 그대로 중국 음으로 들어왔다. 천天이라는 한자는 '텐てん'이라는 중국 음, 공公이라는 한자는 '코우'라는 중국 음으로 사람들 사이에 각기 받아들여졌다. 다음으로 '天'이라는 한자에는 하늘이라는 의미가 있다. 그

것이 당시의 일본어의 '아메·아마'와 거의 같다는 것을 알고 '天'이라는 한자를 일본어로 번역해 '아메·아마'로 읽었다. 요컨대 훈독은 그 한자의 일본어 번역이고, 음독은 외래어로서의 중국어 음 그대로 읽는 것이다.

마치 '북'이 'book'이라는 영어를 영어 음대로 읽는 것인 데 반해 '혼本'은 그것의 일본어 번역인 것과 같다. 그 경우 두말할 나위도 없이 '북'은 book의 음독이고 '혼'은 훈독이다.

이처럼 '북'과 '혼'의 경우에는 모두 서적이라는 점에서 의미상의 차이가 없기 때문에 문제없다.

그러나 만약 이것이 'God'이라면 어떻게 될까. '갓'이라는 음독과 '가미かみ'라는 훈독 사이에 의미상의 차이가 없다고 할 수 있을까. 아마도 많은 사람이 창조자이자 주재자이며 유일신인 서양의 '갓'은 '가미'라고 훈독하더라도 일본의 뭇 신, 때로는 암석조차 신체神體로 여기는 일본의 신과는 내용상 큰 차이가 있는 점을 알고 있을 것이다.

한자의 음독과 훈독과의 차이에 대해서도 같은 말을 할 수 있다. 天을 '텐'이라고 중국 음으로 읽을 때, 즉 그것을 중국어로 파악할 때 그것은 상제上帝 관념을 포함한 주재자로서의 의미를 지녀 일본어로 번역된 말인 '아메·아마'와의 사이에 차이가 생긴다. 덧붙여 말하면 《이와나미고어사전岩波古語辭典》(大野晋他 편)에 따르면 '아메·아마'는 "천상에 있는 하나의 세계라는 뜻, 천상에서 생활하고 있다고 믿는 신들이 사는 장소"이며 '하늘'의 의미는 없다.

하지만 '갓'과 '가미', '덴'과 '아메·아마' 사이에 의미상의 차이가 있다는 것은 실제로 많은 사람이 어렴풋이 느끼고 있는 것이다. 예를 들어 기독교의 신과 일본 신사의 가미사마神様가 같다고는 할 수 없다든가, '아메·아마'가 경천애인敬天愛人의 '천'과는 어딘가 미묘하게 다르다는 것을 많은 사람이 막연하게나마 느끼고 있다.

그런데 '공公'이라는 글자와 관련해서는 어떠할까. '오오야케'와 '코우'라는 훈독과 음독 사이에 의미상의 차이가 있다고 느끼는 사람이 많다고 할 수 있을까.

그보다는 '코우'라고 읽을 때 그것이 본래는 중국어이고 '오오야케'라는 일본어와는 어원을 달리한다는 것 자체를 이미 거의 모든 일본인이 망각하고 있을 것이다. 거기에는 그럴 만한 이유가 있다.

외래어는 시간이 지나면 어느새 본국어가 되고 때로는 원어 본래의 의미와 다르게 사용되는 사례가 적지 않기 때문이다. 예를 들어 '미싱'은 머신machine, 즉 기계 일반을 가리키는 영어에서 유래했지만 일본어가 되어 재봉틀을 의미하는 미싱이 되었다. 미싱이라는 말을 입에 올릴 때 그것이 본래는 영어였다고 의식하는 사람은 거의 없다.

마찬가지로 설령 '코우'라고 하더라도 그것은 공원公園·공공公共·공평公平·왕공王公·봉공奉公의 공, 즉 일본어의 '코우'이며 외래어가 아니다. 요컨대 우리의 일상 생활 속에서는 '오오야케'는 물론 '코우'도 지금은 일본어로서 일본어의 의미로 사용되고 있다. 보다 정확하게 말하면 公이라는 글자가 '오오야케'로 번역된 이래 '코우'의 중국어로서의 원뜻이 상실되어 '코우'라고 발음할 때에도 그 의미가 일본어 오오야케의 의미로 해소되어 버렸다.

'오오야케'의 원뜻

그렇다면 일본어로서의 '오호야케'의 옛 원뜻은 무엇이었을까.

'오호야케'의 옛날의 원뜻을 찾아 다시 한 번 처음으로 돌아가 생각해 보면 '코우'라는 중국 음의 단어가 들어왔을 때 그것에 '오호야케'라는 일본어를 대응시켰다는 것은 '오호야케'라는 개념이 '코우'의 개념과 비슷하거나 혹은 똑같다고 당시의 사람들이 생각했기 때문이다. 이것은 '코우'라는 단어가 유입되었을 때 일본에는 이미 '코우' 개념에 가깝다고 간주된 '오오야케'라는 개념이 존재하고 있었다는 것을 의미한다.

당연하게 생각될지도 모르지만 한자에 따라서는 일본어의 번역어, 즉 위에서 언급한 의미에서의 훈독이 없는 외래어도 있다. 예를 들어 외래품인 茶는 '차ちゃ'라는 중국 음만으로 통용되고 있다는 점에서 커피와 마찬가지로 외래어의 상태 그대로이며, 추상어인 忠과 孝도 '추ちゅう・코우こう'라고 중국 음으로 읽어야만 충성이나 효행의 원뜻이 드러난다. 하기는 충・효는 각각 '다다시'・'다카시' 등 주로 이름에 사용되는 훈독음이 있기는 하지만, 그것은 단순한 아테지当て字[2], 즉 한자 본래의 뜻과는 관계없이 그 음이나 훈을 빌려 어떤 말을 표기하는 한자로서 충·효의 원뜻과는 관계가 없다.

이것은 충·효가 실은 차와 마찬가지로 외래어이고, 이 말이 일본에 들어왔을 때 일본에는 충·효에 해당되는 관념이나 말이 존재하지 않았기 때문에 번역어를 대응시킬 수 없었다. 즉 훈독할 수 없었다는 것을 의미한다.

이것을 역으로 추론하면 충·효와는 다르게 '공'이라는 단어가 일본에 들어왔을 때에는 이 단어에 해당된다고 생각되는 '오호야케'라는 개념이 일본에 이미 존재하고 있었다는 것이 된다.

여기서 나는 '오호야케'라는 '개념'이 존재하고 있었다고는 했지만 '오호야케'라는 단어가 존재하고 있었다고는 말하지 않았다.

그 이유는 《고사기古事記》[3]와 《일본서기日本書紀》[4]의 만요 가나 속에서 '아메·아마'나 '가미' 등의 말은 찾아 낼 수 있어도 '오호야케'라는 말은 발견할 수 없기 때문이다. 요컨대 '오호야케'의 원뜻을 보여 주는 용례는 없다는 것이다.

단 한 가지 용례, 즉 《일본서기》무열전기武烈前紀의 노래 속에서 "줄로 만든 높은 베개를 가지고 다카하시를 지나 물산이 풍부한 **오호야케**를 지나……"라는 예를 발견할 수 있지만, 이 '오호야케'는 '다카하시'와 함께 지명에 해당한다.

다만 이 지명에는 마쿠라고토바枕詞[5]가 붙어 있는데 '다카하시'

한 단어
사전

의 마쿠라고토바가 '줄로 만든 높은 베개' 라는 단순한 대응인 데 반해 '오호야케' 에 붙어 있는 마쿠라고토바 '모노사하' 는 물산이 풍부하다는 의미를 지니고 있어, 이 의미를 가지고 역으로 '오호 야케' 의 개념을 탐색할 수 있는 실마리가 된다.

이 점을 염두에 두고 지명을 살펴보면 《하리마국 풍토기播磨國風土記》[6]에 '오호야케사토大家里' 라는 항목이 있는데, 그 지명의 유래가 "오진應神 천황이 순행巡行할 때 이 마을에 궁宮을 지었다. 그래서 오호미야大宮라고 했다. 후에 다나카田中 대부大夫가 관장할 적에 오호야케사토大宅里로 바뀌었다"라고 기록되어 있다. 궁을 지은 것이 지명의 유래가 되어 멋진 궁이기에 '오호미야' 라고 명명되었지만 후에 '오호이에大家·오호야케大宅' 로 개명되었다는 것이다. 천황과 관련된 미칭美稱인 '미'(미야케·미카도 등)를 앞에 붙인 '미야' 에서 '야케' 로 바뀌었다는 것인데, 뒤에서 기술하겠지만 그 '야케' 는 건물 및 그 부지를 가리키는 단어이기 때문에 이 '오호 이에大家·오호야케大宅' 의 유래는 큰 건물과 관계가 있다는 유추가 성립한다. 게다가 '오호미야' 에서 '오호야케' 로 바뀌었다는 데서 한 가지 더 유추할 수 있는 것은 아무래도 오호야케는 천황과는 관계없는, 단지 큰 건물 및 그 부지 일반을 가리키는 말이며 거기에는 물산이 풍부하게 저장되어 있었던 것 같다는 점이다.

이상의 것을 실마리로 삼아 《화명초和名抄》[7]에서 지명을 좀 더 살펴보면 히고肥後·부젠豊前·사쓰마薩摩·빙고備後·하리마播磨·이와미石見·가와치河內·야마토大和·에치고越後·무사시武藏·시모쓰케下野·고즈케上野 등의 지역에 '大家·大宅'이라고 표기되어 '於保也介·於保夜計' 혹은 '於保伊咅', 즉 '오호야케·오호이에'라고 불리고 있던 지명, 더 나아가서는 이와 더불어 '小家·小宅'이라는 표기에 '乎夜計·古伊咅', 즉 '오야케·고이에'라고 불리던 지명이 병존하고, 그와 동시에 그것들과 분포를 달리하면서 '三宅·三家(美也介·三也介·美也希·美夜介, 즉 미야케)'라는 지명도 각지에 존재하고 있었다는 것을 확인할 수 있다.

요컨대 '오호야케'라는 지명은 '고야케·오야케'가 아닌 '**오호**야케=큰 야케=큰 건물이 있는 영역'의 호칭으로서 지방 각지에 산재하고 있었다. 그리고 그것들은 천황·조정과 관련된 '미야케'와는 다른 것으로 간주되고 있었다. 이런 사실로 미루어 볼 때 '오호야케'가 '미야케'(천황의 직할지나 그 기구) 이전에 '오야케'·'고야케'와 함께 일본에 존재하고 있었던 것은 아닐까 라고 추측된다.

이런 추측을 방증하는 사례로 '오호야케大家·大宅'라는 지명을 우지나氏名로 삼는 오오야大家씨·오오야케大宅씨는 대부분 오미臣계 호족[8]이라는 점을 들 수 있다. 이것은 미야케三宅씨가 대부분 무라지連계의 호족[9]이라는 것과는 대조적인 사실이다. 덧붙이건대 통설에 따르면 예를 들어 모노베노 무라지物部連[10]와 같이 무라지계는 천황가 직속의 호족으로 한반도에서 이주한 도래계가 많고, 오미계는 예컨대 소가노 오미蘇我臣[11]와 같이 고래로부터 각지에 웅거하고 있었던 토착 호족 세력이 많다. 요컨대 그들은 천황의 권력이 성립하기 이전에 각지에 웅거하고 있었으며, 그것이 오호야케와 관계가 깊었다.

'야케'의 의미

여기서 '오호야케'의 '야케'에 대해 그 의미를 살펴보도록 하자.

요시다 다카시吉田孝에 따르면 "'이에'는 인간의 집단(이른바 가족)과 깊은 관계를 맺고 있는 데 반해, '야케'는 어느 쪽인가 하면 시설·기관을 가리키는" 단어였다.

즉 '야'는 우마야馬屋·구리야廚·미야宮 등 고대 일본어에서 건조물을 가리키는 단어이고, '케'는 '제례(사케·사카)와 마찬가지로 미야케三家·야카모치大伴家持와 같이 '케'와 '카'가 교체되는 말로서 아리카(있는 곳)·스미카(사는 곳) 등 장소를 나타내는 단어이다. 요컨대 야케·야카는 건물이 있는 장소의 한 구획을 가리키는 말이다.

또한 요시다는 그것은 단순히 건물이 있는 한 구역뿐만 아니라 야카쓰가미노마쓰리宅神祭[12] 등의 고대 농경제례에도 나타나듯이 "야케의 가장 중요한 기능이 농업 경영의 거점에 있었다는 것도 움직일 수 없는 사실일 것이다"라고 말하고 있다.

따라서 대담한 추리이기는 하지만 필자는 '오호야케'에 붙는 '모노사하'라는 마쿠라고토바枕詞를, 《위지왜인전魏志倭人傳》[13]의 "조세를 거두며 저각邸閣이 있다. 나라마다 시장이 있어 교역을 한다"는 구절의 '저각이 있다'는 말, 즉 곡식을 저장하기 위한 창고가 있었다는 것과 결부시켜 '오호야케'라고 불리고 있었을지도 모르는 큰 건물과 구획, 즉 물자 저장 센터, 혹은 그것을 안에 포함한 집락이 상당히 오래전부터 고대의 일본 각지에 존재하고 있었다고 생각한다.

"조세를 거두며 저각이 있다"는 것은 공동체의 구성원들이 수확물이나 포획물을 큰 건물의 한 구역으로 제각기 가지고 모여 그것을 수납하고 저장해 공동체용으로 제공했다는 것을 가리키는 것이리라.

이것으로 유추해 보면, '오호야케'는 집락, 즉 공동체의 중추 기능을 가리킨다고 생각되는데, 그 공동체에는 수장首長이 존재하고, 그가 '오오야케'의 수납·저장물을 관리하면서 공동체의 운영도 담당하고 있었다. 덧붙여 말하면 '오호야케'의 지명을 자기 씨족의 이름으로 삼고 있는 호족이 있다는 것은 그들이 그 일대의 수장이었다는 것을 의미하며 공동체적인 기능으로서의 '오호야케'는 그 관리 기능·관리자인 수장이 포함된 관념이었으리라는 생각이 든다.

이상과 같은 내용에 기반을 두고 다하라 쓰구오田原嗣郎는 다음과 같이 기술하고 있다. 약간 길지만 그대로 인용한다.

'야케'는 …… '이에'에 비하면 큰 규모의 시설이자 공동체적인 농업 경영의 거점이었다고 생각된다. '야케'에는 우선 주위를 둘러싼 '담장'이 있고 훌륭한 '문'이 있었으며, 거기에서는 농업 경영의 핵심적 기능인 야카쓰가미노마쓰리宅神祭 등의 농경의례가 행해지고 있었음에 틀림없다. 이런 것들로 미루어 볼 때 '야케'는 공동체의 수장에 속하는 것이고 그 가족의 주거이기도 했을 것이다.

이렇게 생각하면, '야케'는 농업을 중심으로 하는 일본 고대의 공동체를 대표하는 것이고 따라서 그것은 수장에게 속하는 동시에 공동체의 공동성을 구비한 것이었다.

'오호야케'는 '오야케小宅'에 대한 '오호야케大家·大宅'이며 '큰 야케'이다. '미야케'는 조정과 결부되어 있었던 데 반해, '오호야케'는 지방 호족적인 성격을 띤다. 그렇다면 '오호야케'는 지방 호족을 수장으로 하는, 소공동체를 종속시킨 보다 큰 공동체의 중핵이었다고 봐도 무방할 것이다.

'오호야케'는 공동체적 기능을 갖추고 있고 공동체의 수장에 속해 있었다. 수장적首長的인 것과 공동적共同的·공공적公共的인 것, 이 두 가지가 '오호야케'의 성격을 규정하는 기본적인 성질이었다고 생각된다(《일본의 '공·사'》, 《중국의 공과 사》, 硏文出版, 1995).

'오호야케'의 원뜻을 '수장적인 것과 공동적·공공적인 것'으로 보고 있다. 이것을 방증하는 예로서 《일본서기》 사이메이기齊明紀에 보이는 고구려의 화가가 고국에서 온 빈객을 자신의 집에 초대해 연회를 베풀고 '오호야케官의 큰 곰 가죽 70장을 빌려' 빈객의 깔개로 삼았다는 기술을 들 수 있다. 이 큰 곰 가죽 70장이라는 것

공사公私

은 베노 히라후阿倍比羅夫가 에미시蝦夷[14]를 토벌했을 때 전리품으로 조정에 헌상한 것인데, 이것을 때때로 빌려 사용했었다는 것은 조정의 관리하에 있으면서 동시에 공동 사용물이었다는 것, 즉 이 '오호야케官'에는 수장성과 함께 공동성이 함의되어 있는 것을 보여 주고 있는 것이 아닐까.

덧붙여 말하면 여기서 관官을 '오호야케'로 훈독하고 있는 것은 본래 중국어의 문언체(이른바 한문체)로 쓰여 있는 《일본서기》를 독해하는 데 사용된, 나라奈良·헤이안平安 시대에 한자를 일본어로 새겨 읽은 잔칸殘簡[15]에 의거한 것이다. 그 단편적인 잔칸에 의하면 官이라는 글자는 당시 미야케·쓰카사·오호야케 세 가지로 뜻이 나뉘어 훈이 달리고 있었다.

내친 김에 한 가지 사례를 더 들어 보면 오진기應神紀에 천황이 하문하는 말로써 "관선官船(미야케후네)의 가레노枯野라고 이름 지어진" 배는 이즈노구니伊豆國에서 상납된 것인데, 낡아서 더 이상 쓸 수 없게 되었다, 그러나 오랫동안 '관용官用(오호야케모노)'으로 사용되어 왔기 때문에 공적을 잊지 않게 하고 싶다, 어떻게 하면 그 이름을 후세에 남길 수 있겠는가라고 기술되어 있다. 원래 이 배는 오진應神 천황의 명령으로 이즈노구니에서 만들어진 것으로 속도가 빠른 배로 유명했다. 이 하문에 따라 그 배를 해체하고 그 용재를 땔감으로 사용해 소금을 만들자 500바구니의 소금이 생산되었다. 그것을 여러 지방에 나누어 주고, 그 소금을 밑천으로 삼아 각기 배를 건조하게 했더니 500척의 배가 건조되고 그것들이

한 단어
사전

다시 여러 지방에서 상납되었다고 한다.

　문맥에서 관선(미야케후네)과 관용(오호야케모노)을 생각해 보면 이 배는 오진 천황의 명령에 의해 건조된 뒤 오로지 천황 또는 조정용으로만 제공되었기 때문에 '미야케후네'라고 불렸다. 한편 '오호야케모노'라는 것은 이 배의 이름이 단지 조정 내에만 머무르게 하지 않고 널리 여러 지방에도 그 이름을 알리고 싶다는 바람을 담아 붙여진 것으로, 구체적으로 말하면 널리 여러 지방의 **모든** 관청에서 쓰이게 함으로써 그 이름을 남기고 싶다는 것이었으리라 생각된다. 확실한 것은 알 수 없지만 이 '오호야케'도 관청이라는 형태의 수장성과 함께 뭔가의 공동성을 함의하고 있다고 보아도 좋지 않을까.

　이 관·관용(오호야케·오호야케모노)의 두 가지 예는 앞에서도 말했듯이 《일본서기》에 대한 나라·헤이안 시대의 훈독(한자·한어를 일본어로 새겨 읽는 것)이며, 이 훈독은 '公'이라는 글자에 '오호야케'라는 번역어가 붙여진 이후, 즉 '公=오오야케'라는 관념이 성립된 이후 역으로 그 '오오야케' 관념에 의해 관·관용을 해석한 사례이므로, 이 예를 통해 '오호야케'의 원뜻을 직접 알아 낼 수는 없다. 그러나 이러한 사례들을 통해 그 원뜻을 유추할 수는 있을 것이다.

　이상과 같이 유추를 섞어 가며 '공'(오오야케)의 원뜻을 수장성과 공동성이라는 두 가지 요소에서 찾아 보았다.

일본어사전의 정의

필자의 이러한 추론이 연구자들 사이에서는 정설로서 인정받고 있지만 아직 일반 사전에까지는 미치지 못하고 있다.

예컨대 산세이도三省堂의 《시대별 국어대사전》 상대편上代編(澤瀉久孝 他 編)의 '오호야케' 항목을 펼쳐 보면 다음과 같이 쓰여 있다.

① 궁전 등의 큰 건축물. 이러한 의미의 오호야케는 지명에만 남아 있다. "물산이 풍부한 오호야케를 지나"(武烈前紀), "오호야케사토大家里 (옛 이름 大宮里) 땅을 지나 오진應神 천황이 순행巡行할 때 이 마을에 궁宮을 지었다. 그래서 오호미야大宮라고 했다. 후에 다나카田中 대부가 관장할 때 오호야케사토大宅里로 바뀌었다"(播磨國風土記揖保郡). "텐치天智 천황이 경오년에 오호야케大家에 거주함에 따라 오호야케노 오미大宅臣라는 성을 하사받았다"(姓氏錄).
② 조정, 관청. "오호야케官는 매사 중단하거나 방치하는 일이 없다"(崇神紀 12년), "국가를 생각하는 마음이 깊고 군신의 의가 중요하다"(雄略紀 7년).

그리고 [참고사항(考)]으로서 ①이 원뜻이고 이에 상당하는 관청이나 관의 창고에는 설비·물품이 많다는 점에서 ①의 첫 번째 용례에서 보이는 마쿠라고토바가 붙는 경우도 있다고 해설하고 있다.

실은 이렇게 오호야케를 궁전, 조정과 직접적으로 결부시키는 이해는《이와나미고어사전岩波古語辭典》의 "오호야케, '大宅, 즉 제일가第一家를 의미한다'. ① 천황가. 또는 천황이나 황후·중궁中宮. …… ② 조정. 정부. 관청. ……"이나 쇼가쿠칸小學館의《일본국어대사전日本國語大辭典》의 "오오야케, '公·大宅'. ① 큰 집. 미야케屯倉 등의 큰 건축물. ② 조정. 정부. 관청. 막부. …… ③ 천황. 황후. 중궁. ……" 등과 같이 일본을 대표하는 고어·국어사전에서 똑같이 발견된다.

다시 말할 필요도 없을지 모르지만《시대별 국어대사전》의 '궁전宮殿' 개념은 애매하다. 왕궁王宮·황거皇居의 의미일 경우에는 그것들은 미카도·기미미야라고 불리고 오호야케로 불리는 예는 없다. [참고사항]의 '이에 상당하는 관청 및 관의 창고'라는 말에서 유추해 '오호야케'가 조정과 관련된 건축물을 가리킨다면《일본국어대사전》의 '미야케 등의 큰 건축물'이라는 것과 거의 같은 의미로 해석된다. 이런 식의 이해라면 애당초 그것은 '미야케'와 '오호야케'의 차이를 무시한 해석이라고 하지 않으면 안 된다. 또한《이와나미고어사전》의 '오호야케'를 '제일가'로 보는 해석은 동사전이 '오호'의 항목에서 "① 큰 것. ② 장유長幼의 장. ③ 제일인 것. ……"으로 생각하는 것의 ③의 뜻풀이, 즉 '오호키미大君'의 사례에 의한 뜻풀이인데, 이것은 '오호야케'가 '오야케'와 짝을 이루는 것으로서 대소의 대, 즉 위의 ①의 뜻풀이라는 것을 무시한 해석이다. 요컨대 현재 출간된 여러 사전에서 '오호야케' 항목은 검토가 충분히 이루어지지 않은 상태에서 결론을 내리고 있다.

실은 필자가 대학원생 시절에 쑨원孫文(1886~1925)의 '공'과 후쿠자와 유키치福沢諭吉(1835~1901)의 '공'을 비교하다가 일본의 '오오야케'와 중국의 '공'의 차이에 의문을 품게 되고 나서부터 '오오야케'의 어원에 관심을 갖고 여러 사전을 검토한 끝에 위와 같은 해석이 석연치 않아 스스로 조사하기 시작했다. 그때 쓴 논문 〈공·오호야케 고公·おほやけ 考〉는 어디에도 발표하지 않았고 다만 다른 논문을 어느 잡지에 발표할 때 보주補注 형태로 활자를 작게 편집해 20행 정도로 정리해 삽입해 두었다. 그것을 요시다 다카시가 〈야케에 대한 기초적인 고찰〉(井上光貞博士還曆記念會 편, 《古代史論叢》 중권, 吉川弘文館, 1978)이라는 논문 속에 나의 주장을 보강해 자신의 학설에 받아들였다. 그의 이 논문은 나중에 《율령 국가와 고대 사회》(岩波書店, 1983)의 제2장 〈이에イへ와 야케ヤケ〉에 수록되었고, 그 덕분에 필자의 '수장·공동체'설이 그 후 다하라 쓰구오田原嗣郎나 가쓰마타 시즈오勝俣鎭夫 등 일본사상사·일본사 연구자들 사이에서 활용되기에 이르렀다. 그러나 사전류는 여전히 필자의 대학원생 시절 그대로이다.

'공'의 어원

公
私

중국어의 '공'

다음으로 중국어의 '공'은 본래 어떠한 뜻을 지니고 있었는지 살펴보도록 하자.

중국에서 가장 오래된 자전字典으로 알려져 있는 후한後漢의 허신許慎(58~147년경)이 편찬한 《설문해자說文解字》를 먼저 펼쳐 보자.

그에 따르면 "공은 공평하게 나눈다는 뜻이고 八과 厶로 이루어져 있다. 八은 등을 돌리는 것과 같다. 한비자가 말하기를 사厶에 등을 돌리는 것을 공이라 한다"고 했다. 즉 공은 균등하거나 평등하게 나누는 것이다. 이 글자는 八과 厶 두 성분으로 구성되고, 八의 부분은 등을 돌린다는 뜻이다. 여기서 한비자는 "사厶, 즉 사私에 등을 돌리는 것을 공이라 한다"고 했다.

《한비자》 오두편五蠹篇의 해당 부분을 살펴보면 다음과 같이 말한다.

먼 옛날에 창힐蒼頡(태곳적에 새의 족적에서 힌트를 얻어 처음으로 문자를 만들었다고 전해지는 전설상의 인물)이 문자를 만들 때 자영自營하는 것을 사私라 하고 사에 등을 돌리는 것을 공이라 했다. 공과 사가 반대 개념 이라는 것은 창힐도 이미 알고 있었던 것이다.

자영自營의 영營은 야영野營, 노영露營의 영, 즉 울타리 등으로 두르고 살거나 혹은 경계선을 둘러치는 것이고, 자영은 저기에서 여기까지는 자기의 것으로서 울타리를 싸는 것이다. 그것을 사私라고 하는 그 '사' 는 요컨대 이기利己라는 것이며, 그 사에 등을 돌리는 '공' 은 이기를 배제하고 공평하게 나누거나 공평하게 처리하는 것이다.

《한비자》나 《설문해자》에 의하면 공은 이기를 배제하는 것이나 공평하게 처리하는 것이 되는데, 이렇게 되면 일본의 '오오야케' 원뜻과의 사이에 아무런 공통성도 없다.

한편 《시경詩經》에 공전公田이라는 용어가 있다는 것은 잘 알려진 사실인데, 이쪽이 '오오야케' 의 원뜻에 가까운 점도 있기 때문에 잠시 《한비자》, 《설문해자》를 떠나 직접 선진先秦 시대의 문헌을 살펴보도록 하자. 예를 들어 《시경》 국풍國風, 빈풍豳風, 칠월의 시詩에 '오오야케' 의 원뜻을 방불彷彿하게 하는 다음과 같은 사례를 찾아낼 수 있다.

십일월에는 담비 사냥. 여우와 살쾡이를 잡아 우리 공자 갖옷 짓세.
십이월 되면 모두 모여 병기를 들고 사냥하기. 작은 돼지는 제 것이요

공公에게는 큰 돼지를.

…… 시월기이면 마당을 치워 두 통 술로 잔치할제 염소 잡아 안주하고 공당公堂에 올라 앉아 무소뿔 잔을 들어 만수무강 축위하세.

여기서는 첫 번째 구절의 '공자', 두 번째 구절의 '공', 마지막 구절의 '공당'이라는 세 가지 사례가 눈길을 끈다. 《시경》의 번역자로 알려진 메카다 마코토目加田誠(1904~1994)는 '공자'를 '젊은 주인', '공'을 '주인님', '공당'을 '객실'로 번역하고 있지만 무엇을 근거로 그렇게 번역하고 있는지는 확실치 않다.

그래서 《시경》 등을 대상으로 한 고문헌 연구에 의거해 살펴보면, '공'을 '세습적 족장'이나 '영주'로 생각하거나 '공당'을 공동체의 '공동 작업장' 또는 '영주가 사는 저택과 그에 부속된 사당祠堂'으로 보는 등 여러 설이 있지만(白川稱, 〈詩經にみえる農事詩〉 상·하, 《立命館文學》 138·139호, 1956; 加藤常賢, 〈公私考〉, 《歷史學研究》 96호, 1942; 谷口義介, 〈豳風七月の社會〉, 《東洋史研究》 37-4, 1979), 서주西周 시대의 사회·정치 구조와 관계된 사항에 이르면 현 단계에서는 사료가 너무 적어 '족장', '영주'라는 제도적 위상을 규정하는 데도 주저하지 않을 수 없다.

갑골甲骨·금문金文 세계에서의 '공'

차라리 단도직입적으로 갑골·금문의 세계에서는 어떻게 말하고 있을지 살펴보자. 여기에서 우선 대담한 추리로 우리와 같은 문외한들도 이해하기 쉬운 시라카와 시즈카白川靜(1910~2006)의 《자통字統》(平凡社)을 펼쳐 보자.

갑골·금문에서 보이는 '公'의 자형을 《자통》에서 들고 있는 예를 통해 살펴보면 다음 그림과 같다.

위쪽 첫 번째의 ▲은 《설문해자》에 실려 있는 문자이며, 위에 있는 나머지 것이 갑골문이고 아래쪽에 있는 것이 금문이다. ◦, 즉 ▲의 부분은 갑골문에서는 ▭ 또는 ▮, 금문에서는 ▭ 또는 ○이며 ◦형은 존재하지 않는다. 그리고 《자통》에서 들고 있는 예에 국한

하지 않고 현재까지 발견된 모든 갑골·금문에 대해서도 같은 말을 할 수 있다. 요컨대《설문해자》의 '公'이라는 글자가 八과 厶의 성분으로 구성되어 있다는 설명은 실제의 갑골·금문과 합치되고 있지 않다.

시라카와에 의하면 갑골·금문의 '公'이라는 글자의 자형은,

팔八의 형태를 따르지 않고 직사각형의 빈 공간 위에 두 개의 직선을 좌우로 긋는다. 직사각형의 빈 공간은 궁실宮室의 형상. 그 궁정 앞에 좌우로 병풍을 치고 의례를 행한다. 그 식장의 평면형이 '공'으로 '공'의 맨 처음의 뜻은 공궁公宮. …… 은殷나라의 신도천읍상神都天邑商에 공궁이 있다. 그러한 궁묘宮廟에 모셔지는 사람을 '공'이라고 했을 것이다. 공궁의 제사를 지내는 장소에서 조상의 영혼에게 바치는 묘가廟歌를 송頌, 조상의 혼령에게 애고哀告하는 것을 송訟이라 한다. 씨족 내의 중요한 재판 사건 등도 그런 형식으로 심리되기 때문에 이것을 송訟이라 한다. 공사公私를 대칭시키는 것은 따라서 지배자와 그 복속자라는 관계이다. …… '사'를 지배하는 것은 '공', 즉 '공'은 족장이나 영주를 말한다. 공궁은 그 씨족의 궁묘이며 그 제사권을 지닌 '공'은 또한 거기에 모셔져야 하는 사람이었다. 씨족은 공동체적인 성격을 지닌 것이기 때문에 거기에서 공공公共의 뜻도, 관부官府의 뜻도 되고, 공사는 관민官民이라는 관계가 된다. 씨족 공동체 내부의 용어가 정치적·행정적 관계로 이행한 것이다. 공의公義·공정公正이란 그러한 지배자의 논리이며, 그것은 정복을 의미하는 정正이 중정中正·

정의正義의 뜻으로 사용되는 것과 마찬가지이다. 이에 반해 '사'에는 사곡私曲(사리를 꾀하는 부정)·사절私竊(불법적으로)의 뜻이 있지만 공사는 본래 지배 관계를 나타내는 말로서 옳고 그름의 의미를 갖는 것은 아니다.

전체적으로 시라카와가 '公'이라는 글자의 뜻과 관련해 그것을 수장首長과 그가 다스리는 공동체로 파악하고 있음을 엿볼 수 있을 것이다. 다만 시라카와의 경우 '공'의 원뜻을 지배자 및 그를 모시는 궁실宮室로 보고 있는 데서도 알 수 있듯이, 공동체의 측면보다 수장의 측면을 보다 강하게 내세우고 있는 점이 특징적이다.

예컨대 그는 《시경》〈소남召南〉, 〈소성小星〉의 '아침 일찍부터 밤늦게까지[夙夜] '공무에 열심이다'라는 것은 공궁公宮의 제사에 관여하는 것, 그리고 마찬가지로 고양羔羊의 "'공'으로부터 퇴식退食하다"라는 것도 공궁의 식장에서 퇴근했다는 뜻으로 보고, 그 연장선상에서 〈소아小雅〉, 〈대전大田〉의 "우리 공전公田에 먼저 비 내리고 이어서 우리 '사私'에도 내려 주시오"는 구절과 관련해서도 여기의 '공전'과 '사'를 공전·사전, 즉 공유·사유의 관계라기보다는 우리 '공'의 토지'에 대한 사적 예농隸農에게 할당된 토지의 관계로 해석한다.

이것은 고대를 노예제 사회로 간주한 마르크스Karl H. Marx (1818~1883)의 역사관을 원용한 것이겠지만 똑같이 마르크스주의 사관에 입각한 연구자들 중에도 '공전'을 영주의 소유전, '사'를 그 영주의 휘하에 소속된 씨족장의 소유전으로 해석하는 사람이 있어 아무래도 '공'을 둘러싼 정치·사회적 '지배'의 본래의 모습과 관련해서는 아직 논의의 여지가 있는 듯하다.

애시당초 '公'의 상형象形을 궁실의 의식을 거행하는 장소, 그 맨 처음의 뜻을 공궁으로 보는 데 어떠한 객관적 근거가 있다고 생각하고 있을까? 시라카와의《설문신의說文新義》(전15권 별권 1, 朋友書店, 1976)에 따르면 그가 '공'을 '궁'으로 해석한 것은 마쉬룬馬敍倫(1884~1970)의 설을 받아들인 것이며 마쉬룬은 '宮'에도 포함되어 있는 ⼁의 공통성에 착안했던 것이었다.

그러나 뒤에서 언급하듯이 갑골문 속에서 이미 '공궁'이라는 단어가 보이는 이상 '공'과 '궁'이 같은 의미라고는 생각하기 어려우며 어딘가에 차이가 있다고 생각하는 것이 자연스러울 것이다.

시라카와는 마쉬룬의 이 설에 의거하면서 ⼁는 "궁묘宮廟 속의 정례廷禮(궁정의례)나 제사가 행해지는 장소"로, '公'은 '신성한 재정齋庭(제사를 지내는 청정한 장소)을 가리키는 말'로 보고 있다. 그 방증은 《자통字統》에서도 거론되고 있는 '송頌', '송訟'의 조상의 혼령과의 관계이지만, '공' 그 자체의 원뜻을 조종祖宗으로 간주하는 설(《金文詁林》에 수록되어 있는 왕셴탕王獻唐의 설)도 있는바, 이러한 해석이 '송頌', '송訟'의 조상 혼령설과 결부되기 쉽다고 할 수 있지 않을까?

위와 같은 설명을 표로 정리하면 다음과 같다.

〈표1〉 사라카와의 공 설명

공궁公宮 ──── 지배자 ──── (씨족 공동체) ──── 공공公共 ──── 관부官府
                |
         공의公義·공정公正

    그런데, 관부가 어째서 지배자와 직접 연결되지 않고 빙 돌아서 지배자의 지배하에 있는 씨족 공동체의 '공공' 성(필자 식으로 고쳐 말하면 '공동' 성)을 거치며 성립한다고 보고 있을까, 또 공의·공정이 어째서 곧 '지배자의 논리'가 될까, 어째서 지배·피지배도 없이 일반적으로 공동의 관념에서 균분적·반이기적인 '공의·공정'의 관념이 생긴다고 자연스럽게 생각하면 안 될까 등 여러 가지 의문이 생기지 않을 수 없다.

'사私'가 없는 세계

    그런 문제 의식을 갖고 우리와 같은 문외한이 잘 모르면서 참견할 수 있는 세계가 아니라는 것을 알고 있으면서도 이 책의 집필을 계기로 중국 고대 문학의 권위자이자 실증적 연구로 유명한 마쓰마루 미치오松丸道雄로부터 받을 수 있었던, 그가 공동 편집자로 참여해 편집한《갑골문자 자석종람甲骨文字字釋綜覽》(東京大學東洋文化研究所, 1993. 이하《종람綜覽》)을 길잡이로 삼아 이 세계의 입구를 조망하기에 이르렀는데, 그 시작 단계에서 우선 깜짝 놀란 것은 '사

私'의 의미로 해석되는 갑골·금문의 글자가 지금까지 발견되지 않고 있다는 것이었다.

또한 시마 구니오島邦男의 《은허복사종류殷墟卜辭綜類》(汲古書院, 1967)에 나오는 '公'의 용례 23개 중, '大(=天)邑商公宮'은 일곱 개, '다공多公'은 '다공왕多公王' 한 개, '다공세多公戌' 두 개로 도합 세 개, '공세公勢'가 앞의 '다공세'와는 별도로 두 개, '공왕公王', '삼공三公' 등이 한 개씩이다. '공'의 어원 해석도 《종람》에 의거해 살펴보면 '선대의 군주先公'(李孝定, 徐中舒), '공평하게 나누는 것'(金祥恒), 공궁公宮은 궁실 이름, 즉 대중大衆의 궁'(徐中舒), '다공은 군공羣公(제후와 조신)을 가리킨다'(屈萬里), '삼공은 무정왕武丁王 시대 전의 양갑陽甲, 반경般庚, 소신小辛, 소을小乙 중 셋'(陳家夢) 등 여러 가지 설이 병립하는 상태이다. 덧붙여 말하면 《종람》에 따르면 '세歲'에도 '희생을 바친다', '제사 지내는 일', '기시紀時(사시四時를 나누는 것)를 뜻하는 글자', '수확의 한 철을 일 년으로 한다' 등 여러 해석이 병존하고 있다.

결국 '공'에는 은대殷代의 '공궁公宮'이나 사람의 존칭으로서의 용어가 있었다는 것은 분명하지만 그 이상의 것은 알 수 없다. 더구나 '사私'에 등을 돌리는[背私], '공평하게 나눔[平分]의 공'을 시사하는 재료는 아무 것도 없다.

참고로 덧붙이자면 시라카와 시즈카의 어원사전과 함께 널리 사용되는 도도 아키야스藤堂明保의 《한자어원자전漢子語源字典》(學燈社, 1965), 가토 조켄加藤常賢의 《한자의 기원漢子の起源》(角川書店,

1970) 모두 똑같이 '배사평분背私平分'의 설을 싣고 있다.

이와 같이 '公'이라는 글자의 어원과 관련해 유포되어 있는 어원사전의 설명은 어느 것이나 다 그대로 믿을 수 없다는 것, 또 현재의 단계에서는 '공'의 어원과 관련해 정설이라고 할 만한 것은 없다는 것, 중국의 고대학 연구자들 사이에서는 상식으로 간주되고 있을 것으로 짐작되는 것을 새삼 알게 되었다는 것에서 마치는 수밖에 없다.

또한 '사'와 관련해서는 갑골·금문 속에서 '사'에 해당되는 글자가 아직 발견되고 있지 않은 이상 실마리조차 없다. 다만 마쓰마루 미치오의 말에 따르면 갑골·금문 속에서 그 글자가 발견되고 있지 않다는 것이 그대로 '私'라는 글자가 없었다든가 그러한 관념이 없었다는 것을 의미하는 것은 아닌 것 같지만, 그 글자를 문장 중에 발견할 수 없었다는 것이 거꾸로 '사'라는 관념의 특성을 보여 주고 있는지도 모른다.

'공'의 개념에 대해

요컨대 공·사의 원뜻과 관련해서는 아직 오리무중이라는 것을 알게 된 시점에서 펜을 놓아야겠지만, 이 책에서는 갑골·금문의 세계로부터는 손을 떼면서도 《시경》 등의 고대 문헌으로 다시 한 번 돌아가 감히 추리를 전개해 보고 싶다.

《시경》에서는 두 가지가 주목된다. 첫째, '公'이라는 글자의 용례가 90여 개나 있는 데 반해 '私'라는 글자의 용례는 8개뿐으로 10분의 1도 채 안 된다. 둘째, 뭔가 어떤 통치자적인 요소를 포함하는 '공', '공자公子', '공후公侯'나 존칭인 '주공周公' 등의 용례가 대다수인 가운데 '공족公族', '공전公田', '공정公庭', '공소公所', '공로公路', '공거公車', '공행公行' 등, '공'의 의미를 결정하는 데 여러모로 음미할 필요가 있는 것이 각각 한두 개씩 있다는 것이다.

저자의 경향은 《서경書經》(今文)에도 보인다. 거기서도 '公'이라는 글자의 71개의 용례 거의 전부가 통치자적인 '공'이고 또 '私'의 용례는 '사가私家' 한 개밖에 보이지 않는다. 이것은 갑골·금문에 '私'라는 글자가 발견되지 않고 있다는 점과 함께 고려해 보면, '공사'라는 두 글자와 관련해서는 '공'이라는 글자가 '사'에 선행해 사용되고 있었다는 것이 엿보이고 이러한 측면에서도 '배사背私'를 어원으로 하는 설에는 의문 부호가 남는다.

후자의 '공정', '공전'은 '공궁公宮' 및 '공당公堂'과 같은 그룹의 말이라고 생각되는데, '공의 정원', '공의 전답'으로 이해하는 한 확실히 통치자적 측면이 농후해지기는 한다. 그러나 예를 들어 '공전'에 대해 말하면 전국 시대 맹자孟子(기원전 372~289년경)가 앞에서 언급한 《시경》의 '우리 공전' 운운하는 대목을 인용하면서 이른바 정전법井田法을 주장하며, "사방 1리가 1정井으로 1정은 900무畝이다. 그 가운데에 공전이 위치하고 여덟 집은 모두 사전 100묘씩을 받는다. 이들이 공전을 공동경작하는데, 공전의 일을 다스리도록 해야 한다"(《맹자》藤文公 상)라고 말하고 있다. 이를 갖고 역으로 유추하면 《시경》의 이 '공전'에서도 어떤 공동성을 발견할 수 있지 않을까. 결국 '공'의 수장적 측면 속에 공동성의 측면이 내포되어 있는 것은 아닐지 추측되기도 한다.

《맹자》의 이 '공전'은 900무의 사각형 전답을 '정'자로 9등분한 뒤 그 중앙 부분을 '공전으로 삼는다'고 하며, 그것을 여덟 집이 '똑같이 경작한다'고 하고 있다. 그러므로 설사 그것이 통치자의 전답이고 그 통치자에 대한 조세로서 여덟 집이 그 전답을 공동으로 경작한다 하더라도 그 경작은 여덟 집이 똑같이 하는 것, 즉 여덟 집이 공동으로 하는 것이므로 이 통치에는 공동성을 통괄한다는 의미가 포함되어 있다(미리 말해 두지만 필자는 정전법이 실시되었는지 아닌지는 여기서 문제 삼고 있지 않다. 맹자가 염두에 두었던 정전법의 개념을 문제 삼고 있는 데 지나지 않는다).

일반적으로 고대의 공동체는 민회民會나 수장에 의해 통치되었다고 하지만, 수장에 의해 통치된다 하더라도 그 통치는 공동체 성원의 공동의 봉사를 전제로 성립한다. 《맹자》의 위와 같은 '공전'은 바로 그러한 공동의 봉사에 의해 지탱되어야 하는 것으로서 민을 배제한 통치자의 배타적인 점유지가 아니다. 그렇다면 마찬가지로 《시경》의 '우리 공전'도 그것을 '우리 공公의 전답'으로 이해하더라도 그 '공의 전답'은 농민들의 공동 작업에 의해 유지된 전답일 가능성이 높다.

애당초 이 '공전'의 '공' 자체, 이것이 공동체의 수장을 가리킨다 하더라도 예를 들어 앞에서 인용한 《시경》 7월의 종縱, 즉 작은 돼지는 '자기私'의 것으로 하고 견豜, 즉 큰 돼지는 '공公에게 바친다'고 할 경우, 공동의 수렵을 통해 통치자에게 포획물을 공납한다는 점에서는 역시 '공'에 대한 일종의 공동 봉사임에 틀림없다.

고대의 공동체에서는 수렵·어로의 포획물·채집물·수확물 가운데서 큰 것이나 품질이 좋은 것은 공동체나 그것을 통치하는 수장에게 공납하고 수장이 그 재물들을 관할하며 이윽고 권력이 증대되면서 전유화해 갔다는 점은 상상하기 어렵지 않다. 그러한 공동성을 내포한 통치 기능으로서의 '공' 개념은 그것이 때로는 통치자 자신을 가리키며 사용된다고 하더라도 통치 개념 그 자체로서의 '왕王'과는 역시 다른 것이 아닐까.

만일 '공'에 대해 그렇게 생각하는 것이 허용된다면, '공궁公宮'도 시라카와가 해석하는 것처럼 '씨족의 궁묘'이든 아니든 뭔가의 형태로 민이나 신하에게 공개된 장이었다고 생각하고 싶다.

다만 중국 고대의 '공'은 '사'에 선행하는 '공'이며, 그런 측면에서 말하면 일본의 '오호야케'가 그렇듯이 수장성과 공동성을 포함한다 하더라도 그 공동성은 수장의 통치 속에 편입된, 그런 의미에서는 민의 '와타쿠시'가 없는 공동성이라는 색채가 강했다고 생각해야 할지도 모른다. 그러나 다소의 차이는 있을지 모르지만 '오호야케'든 '공'이든 모두 수장성과 공동성이라는 기본적 의미를 그 원뜻에 함유하고 있는 점을 알게 되었다.

그렇다면 중국의 '공'과 관련된 배사평분背私平分설은 어떻게 생

각하면 좋을까? 그것에 대해서는 또 뒤에 언급하기로 하고 여기서
는 우선 수장성과 공동성이라는 원뜻에 가까스로 도달한 이 지점
에서 붓을 멈추기로 하자.

'오오야케·와타쿠시' 개념의 특징

일인칭으로서의 '사私'

일본 '오오야케' 개념의 특성은 그 상대 개념인 '와타쿠시' 개념과 표리 관계에 있다고 해도 좋다.

일본의 '와타쿠시=사私'를 중국의 '사私'와 비교할 때 가장 특이하게 생각되는 것은 이것이 일인칭으로도 사용된다는 점이다.

와타쿠시가 일인칭으로서 사용되기에 이른 것은 무로마치室町 시대[16] 무렵부터라고 하지만, 그 기원을 더듬어 보면 "이 천신天神의 자식은 와타쿠시私하게(아무도 모르게 숨어서) 낳아서는 안 됩니다"(《古事記》神代), 또는 "(칙사로서가 아니라) 와타쿠시私하게(개인적으로) 홀가분한 마음으로 휴식을 겸해 또 들러 주십시오"(《源氏物語》桐壺[17]) 그리고 "공공연한 것이 아닌 와타쿠시私한 것(내밀한 것)"(《源氏物語》行幸) 등의 은밀함·개인적·내밀한 일이라는 의미의 '와타쿠시'에 이르게 될 것이다.

더 거슬러 올라가면 나라奈良 시대(710~794)의 공전公田·사전私田, 즉 관전官田(천황이 먹는 쌀 농사를 짓는 논), 신전神田(신사神社. 경영을 위한 전답) 등 관官의 관할하에 있는 공전에 반해 구분전口分田 (친왕親王에서 노비에 이르기까지 일률적으로 지급된 전답)·사전賜田(천황으로부터 특정 개인에게 지급된 전답) 등 범주로서는 민전民田에 속하는 '사전'에 이르게 된다. 이 '사전'은 관(=공)에 대한 '사'이지만 관으로부터 자립적인 독자 영역을 갖는 '사'가 아니라 관에 종속된 '사'이다.

즉 미즈바야시 다케시水林彪의 표현을 빌리면 관료제적 국가 질서='공'적 질서로부터 분리되거나 혹은 그것과 대립하는 '사私'가 아니라, "지방 수장층首長層의 '오호야케'적 질서 관념을 단순하게 전 국가적으로 확대한" '공'에 '포섭된' '사'이다《율령 국가 변용기에 있어서의 '공민' 개념》水林彪 他 편,《죄와 벌의 법문화사》, 東京大學出版會, 1995). 알기 쉽게 말하면 '공'의 하위자로서 '공'에 종속되는 것을 전제로 해 그 존립을 허용받은 '사'이다.

이와 같이 '공'에 종속적이며 그 때문에 은밀함·개인적·내밀한 일 등을 속성으로 하는 '와타쿠시' 개념은 그 속성의 연장선상에서 그 속성을 핵심으로 하면서 일인칭으로서의 '사'의 세계를 갖기에 이르렀다.

일반적으로 영어의 'I'든 중국어의 '我(워)'든 일인칭으로 사용되는 말은 자기의 세계를 나타내는 단어이지만, 그 자기의 세계는 대화 상대로부터는 'You'나 '你(니)', 또한 제삼자로부터는 'He'나 '他(타)'로 인식된다. 즉 '나'가 때로는 '당신'이 되거나 '그'가 되며 '자기의 세계'가 장면에 따라 타자의 세계로 전환되는 식으로 인칭어라는 것은 원래 전환이 가능한 무색무취의 영역 용어이다. 즉 이 인칭어에는 가치 판단이 들어가지 않는다.

'와타쿠시=사'가 일인칭으로 사용되기에 이르렀다는 것은 '와타쿠시=사'가 영역 용어로서, 바꿔 말하면 무색무취한 것이 됨으로써 도리어 가치를 침해당하지 않는 자립적인 '자기의 세계'를 갖게 되었다는 것을 의미할 터이다.

'할 터이다'라고 한 것은 실제로는 그렇지 않기 때문이다. 실제로는 영역 용어이면서도 '와타쿠시=사'가 지니는 '공'에 대한 종속성이나 은밀함·내밀한 일이라는 어떤 종류의, 좋게 말하면 겸허함이나 나쁘게 말하면 뒤가 켕기는 느낌을 이 일인칭은 태생적으로 갖게 되었다.

역으로 이러한 이른바 은밀한 일인칭을 상대어로 갖는다는 데 일본의 '오오야케=공'의 특성이 있다.

'공' 속의 '사'

그렇다면 일인칭의 '와타쿠시'를 상대어로 하는 일본의 '오오야케'의 특징은 도대체 어떠한 것일까.

결론부터 먼저 말하면 그것은 그처럼 은밀한 일인칭으로서의 '자기의 세계'를 포함하는 '오오야케=공' 영역성의 공연성公然性, '와타쿠시'에 있어서의 우월성, '와타쿠시'에 있어서의 소여所與

적·선험적 존재성 등의 특이성이다.

그것은 요곡謠曲[18] 〈슌칸俊寬〉의 사례에 단적으로 나타난다. 기카이가시마鬼界島에 유배된 슌칸 일행 3인 가운데 두 사람만이 사면되기에 이르러 슌칸 한 사람만 해변에 남기고 배가 출범하려는 장면에서 슌칸이 사자使者에게 외치는 대사 중에, "아, 무정하구나. '오오야케公'의 '와타쿠시私'라는 것이 있다면 인정을 생각해서 하다못해 건너편 육지까지라도 배를 태워 데려다 주시오"라는 구절이 있다.

사면장이 공포된다는 것은 '오오야케' 한 일이고 공개된 조정의 공사公事(공무)이다. 공개된 공사로서 그것은 모든 사사私事에 우월하며, 그 결정은 소여의 것으로서 바꾸기 어렵다. 누구라도 그것에 대해 이러니저러니 말할 수 없다. 그러나 유배자 두 사람을 데리고 돌아가기 위해 파견된 사자는 슌칸이 도읍에 살 때의 지기知己이고 그 사이에는 사적인 우정도 있다. 그래서 공적으로는 두 사람만 도읍으로 데리고 돌아가는 것으로 하고 하다못해 몰래 그 배에 자신을 태워 건너편 육지까지라도 데려다 주었으면 한다는 것이다.

'오오야케' 속의 '와타쿠시'라는 것은 한편으로는 관청의 공무 중에 공무의 방해가 되지 않는 범위 내에서 사사로운 일을 끼워넣는다는 것이고, 다른 한편으로는 공공연한 세계의 배후에 몰래 눈에 띄지 않게 감추어진 것이 존재하는 것을 허용한다는 것이다.

여기에서 '공'과 '사'는 대립하는 관계도, 서로 배제하는 관계도 아니다. 그렇다고 해서 '공'과 '사'가 대등한 관계도 아니다. 바로 '공'의 하위에서 '공'에 종속되면서 그 영역을 허가받은 '사'이다.

그 '와타쿠시'는 내밀하고 은밀한 것인데, 그렇다면 '와타쿠시'를 그렇게 은밀하게 만드는 '오오야케'는 어떠한 것일까. 헤이안 시대의 모노가타리物語류에서 몇 가지 사례를 들어 보면 다음과 같다.

오호야케(=조정)의 주춧돌이 되어 천하의 정치를 보좌하다(《源氏物語》桐壺).
오호야케(=천황)의 심기가 불편했다(《伊勢物語》[19]).
오호야케한 일(=공적인 일·공무)이 많아 상주하거나 천황이 선지를 내리는 날에(《源氏物語》紅葉賀).
오호야케한(공적인) 자격으로 달려갈 것입니다(《源氏物語》竹河).
매우 오호야케하게(공공연히) 찬란하게 빛나는 모습이다(《狹衣物語》[20]).

'公'이라는 글자가 들어왔을 때에는 거의 지명으로밖에 남아 있지 않았던 '오오야케'라는 말은 '공'이 '오오야케'로 훈독되고 관官도 '오오야케'의 의미로 쓰이게 되면서 궁정과 관련된 사람들 사이에서는 거의 일상어가 되어 위에서 살펴본 바와 같이 모노가타리에도 빈번히 등장하게 되었다.

이와 같이 일상어가 된 '오오야케=공'은 수장·공동체라는 원뜻

을 확대해 조정·국가를 공동체로 하는 천황·조정·관부의 '오오
야케=공'이 되었다. 그리고 이러한 장에 몸담고 있는 조정 관리들
에게 그러한 장은 공적인 장으로서 모든 일이 공공연하게 되었으
며, 공공연한 공간, 즉 세간世間이라는 이름의 '오오야케=공'이기
도 했다.

'오오야케' 영역과 '와타쿠시' 영역

여기서 일단 길을 빙돌아 후쿠자와 유키치福澤諭吉(1835~1901)가
사용한 '공'의 용례를 살펴보기로 하자.

일국의 군주를 받들게 된 원래의 이유를 살펴보면 이것을 **사회 공심公
心의 집점集占**으로 삼아……《福翁百余話》9)
애당초 이 논의(양이론)가 시작된 근원을 살펴보면 그것은 결코 어느 누
구의 사적인 감정에 따른 것이 아니다. …… 그 목적은 나라를 위한 것
이기 때문에 **'공'**이다.《문명론의 개략文明論之概略》권2)
일반적으로 이러한 종류의 사람들(쇼야庄屋, 나누시名主[21], 하쿠쇼소다이
百姓總代[22] 등)을 무라야쿠닌村役人이라고 칭하며 백성들이 각자 부담
하는 돈으로 급료를 조달하고 정부와 인민 사이에서 중개 역할을 하며
연공을 징수함은 물론, 도로 및 교량 등의 건설·토목 공사 등 **공공 사
업**은 모두 인민의 부담으로 돌리고 관비官費를 들이지 않는다. ……또

한 촌락 안 고닌구미五人組[23]를 조직해 ……가까운 이웃끼리 서로 결속하고 ……관혼상제冠婚喪祭, 화재, 홍수, 병환 등이 생기면 서로 돕게 해……《국회의 전도國會の前途》).

또한 일종의 주인主人은 ……관용官用이든 상용商用이든 모두 집 밖의 **공공 사업**에 바빠 집안일을 돌볼 틈이 없다. ……이러한 가정의 경향을 개괄적으로 말하면 ……**밖**의 일로써 **안**의 일을 다스리고 '**공**'으로써 '**사**'를 속박한다고 할 수 있다《후쿠자와 문집福澤文集》1권, 교육에 관한 일).

여기서는 집의 문지방 안쪽을 '사'로 보는 반면에, 문 밖으로 한 걸음 나간 세간의 일은 모두 '공·공공'의 것으로 간주된다. 그 세간의 '공'은 최대의 공으로서 국가 영역, 최고의 공으로서는 천황에까지 이르러 끝나는 것인데, 이와 같이 '사'의 영역에서 한 걸음 내디딘 바깥의 세계를 모두 '오오야케=공'의 영역으로 보고 최대는 조정·국가, 최고는 천황에 이르러 끝나는 '오오야케=공'의 특성이 알기 쉽게 나타나 있다.

특히 연공의 징수나 도로·교량의 건설·토목 공사 등을 관청을 대신해 담당하는 데서부터 이웃 사람들의 관혼상제 등 여러 가지 일상적으로 교제하는 일에 이르기까지 모든 것이 다 집 밖의 '공공'의 일로 간주되고 있다.

여기에서는 집 밖의 '공공'의 장을 '와타쿠시'의 영역을 서로 주장함으로써 '와타쿠시' 간의 상호 교제 관계, 즉 자유로운 공공의 영역이 형성되는 그러한 것이 아니라, 서로 '와타쿠시' 영역을 주장하지 않기로 하고 미리 설정된 '오오야케'의 관계 속으로 들어간다는 것이 암묵적으로 전제되어 있다.

여러 가지 '와타쿠시'의 요구가 있어 도로·교량의 건설·토목 공사가 행해지는 것이 아니라, 연공의 징수를 대행하는 것과 마찬가지로 그것은 관의 공사公事의 하청으로 행해지는 것이며, 관혼상제의 이웃 관계도 옥외의 '공공'의 장으로서 문지방 바깥에 미리 설정되어 있어 '와타쿠시'에게는 참가 또는 불참이 자유롭다고 할 수 없다. '오오야케'의 세계 속에서 '와타쿠시'의 사정 이야기를 꺼내 '오오야케' 세계에 변경을 강요하는 것은 통념적으로 허용되지 않는다.

그렇다면 '와타쿠시'의 세계는 결국 존재하지 않느냐 하면 그렇지 않다. '오오야케'의 관계에 참가하고 협력하며 그곳에서의 역할을 수행하고 있는 한 문지방 안쪽의 '와타쿠시' 영역은 결코 간섭받는 일이 없다. 또한 남에게 알리고 싶지 않은 내밀한 일, 외부에 드러난 것과는 다른 '속마음[本音]'의 세계, 일반에게 알려지게 되면(오오야케니 나레바) 형편이 좋지 않은 개인적인 영역(와타쿠시고토)이 누구에게나 있다는 것은 실은 전체 안에서 은연중에 공인된 것이다.

은연중에 공인되었다는 것은 논리적 모순이라고 할 수밖에 없지만 '와타쿠시'의 영역은 그렇게밖에 말할 수 없는 것이다.

위의 후쿠자와의 예는 에도 시대부터 메이지 시대에 걸친 시기의 일이기 때문에 꼭 그대로 헤이안 시대의 '오오야케·와타쿠시'에 적용할 수는 없지만, 후쿠자와에서 보이는 '오오야케'와 '와타쿠시' 사이의 관계의 본질적인 부분은 이미 헤이안 시대의 그것에서도 발견되는 것이다. 즉,

1. '오오야케'의 장은 여러 '와타쿠시'가 주장되거나 이해의 충돌이 조정되는 장이 아니다.

2. '오오야케'라는 장은 여러 '와타쿠시' 상호 간의 자유로운 교제의 장이 아니다.

3. '오오야케'의 장에서의 공사公事에는 사사로운 일(와타쿠시고토) 이야기는 꺼낼 수 없으며, 더구나 '오오야케'의 장 본연의 모습에 변경을 강요하거나 그것을 어지럽히는 것은 허용되지 않는다.

4. 천황이 하는 일이나 조정의 행사, 관의 여러 가지 일은 모두 '오오야케'의 공사公事로서 참여해 봉사하도록 요청받고 있다.

5. '오오야케'라는 장의 질서를 따르는 한 '와타쿠시'의 영역은 간섭받는 일 없이 보존·유지될 수 있다.

이상과 같이 나중에 '와타쿠시'를 인칭어로 삼기에 이른 일본의 '오오야케·와타쿠시'의 특성은,

1. '오오야케'를 공공연한 영역, '와타쿠시'를 은밀한 영역으로 삼는 이중적 영역성에 의해 공존되고 있다.

2. '오오야케' 영역은 언제나 '와타쿠시' 영역보다 우월하다.

3. '와타쿠시' 영역에 있어서 '오오야케' 영역은 소여적所與的·선험적이며 그 장에 종속된 것으로 여겨지고 있다.

4. '오오야케' 영역은 천황을 최고의 위치에 두고 국가를 최대의 영역으로 삼으며 그 위나 바깥으로 나가는 일이 없다.

등으로 파악할 수 있을 것이다.

그렇다면 일본의 '오오야케·와타쿠시'의 영역성과 대조적으로 다루어져야 하는 중국의 '공사公私'는 어떠한 특성을 갖고 있을까.

공사公私
개념의 특징

평분平分과 간사姦邪

중국의 '공사' 개념을 일본의 '오오야케·와타쿠시'와 대비시킬 때 가장 큰 차이로 거론할 수 있는 것은 '공公은 공평하게 나누는 것[平分]이다', '사私는 간사함이다'라고 해서, '공'에 도덕성의 의미를 포함시키고 있는 허신《설문해자》의 해석에서 보이는 특징이다.

우리는 앞에서 허신이나 한비자의 어원설이 실제로는 갑골·금문에서 보이는 公이라는 글자와 반드시 합치되고 있지 않다는 것을 살펴보았다. 적어도 'ㅿ(=私)'에 해당된다고 여겨지는 부분은 'ㅂ'이며 '사私에 등을 돌린다'는 해석은 맞지 않다(다만 가토 조켄은 앞에서 언급한 사전에서 허신설을 수정하며 '公'이 '八'과 'ㅂ'으로 구성되어 있다고 보고 있지만 'ㅂ'을 스스로 울타리로 둘러싼다는 의미, '공'을 울타리를 친 장소에 반대되는 의미로 해석하는 허신설을 답습하고 있다).

그렇다면 허신이나 한비자는 전혀 근거 없는 학설을 주장하고 있었던 것일까 하면 반드시 그렇지는 않다.

적어도 허신이 살았던 후한 시대에는 공평公平·공도公道·공의公義 등 윤리적 색채를 띤 용어가 이미 충분히 일반화되어 있었고, 그 반대 개념인 '사私'도 사곡私曲·간사姦邪·사사私邪 등의 반윤리적인 의미로 통용되고 있었다. 그리고 이러한 말들은 모두 《한비자》에서 볼 수 있는 것뿐이다.

이런 윤리적 색채를 띤 '공' 개념은 이미 《한비자》 이전의 《순자荀子》에서도 보인다.

> 제비뽑기로 정하는 것은 '공(공평)' 하게 하기 위해서이다[所以爲公也]. 군주가 '곡사曲私'(사욕에 사로잡힌 옳지 못한 일)를 좋아하면 모든 신하·관리들이 그에 편승해 부정한 짓을 저지른다. …… 군주가 예의禮義를 좋아하고 현자를 중히 여기며 유능한 사람을 가려 뽑고 이익을 탐하는 마음이 없으면 아랫사람들이 …… 제비뽑기를 할 필요도 없이 '공[公平]' 하고 저울에 의지하지 않더라도 '평[均平]' 하며 되를 쓰지 않아도 '책[平正]' 하다《순자》君道.

여기서 '공'은 '곡사'와 대비되며 공평의 의미로 사용되고 있고, 그것은 또한 이익을 탐하는 마음이 없는 상태이기도 하다.

《설문해자》에서 말하는 '공은 공평하게 나누는 것이다', '사는 간사함이다'라는 윤리적 의미가 이렇게 《순자》의 '공사' 개념에서 이미 보인다.

이러한 윤리적인 공사 개념이 언제부터 나타나게 되었는지는 확실하지 않지만, 예를 들어 《맹자》 공손축公孫丑의 "사람으로서 부귀를 바라지 않는 자가 있겠는가. 이미 부귀를 누리면서도 여전히 이익을 독점하려고 하는[私龔斷焉] 자도 있다"라는 구절의 독점을 나타내는 '사', 그리고 《논어》 요왈堯曰의 "공(공정)하면 (백성이) 기뻐한다"라는 구절의 '공' 등, 단편적으로는 좀 더 이른 시기에서도 찾을 수 있다.

다만 유감스럽게도 수장首長과 공동성을 의미하는 '공'에서 어떻게 공평·공정 등의 윤리성을 띤 '공' 개념이 생겨났는지 그 경로를 보여 주는 사례가 없기 때문에 추측하는 수밖에 없다. 지금까지 보아 온 '공사'들이 모두 배분의 균평·공평을 그 윤리성의 핵심으로 삼고 있는 점으로 미루어 볼 때 이 윤리성은 공동체의 공동 윤리에 기반을 두고 있다고 추측된다.

아마도 이 균평·공평·공정의 윤리 관념은 공동체 성원이 수확물 등을 배분하거나 공동으로 공납貢納할 경우에 공유하고 있었던 규범적인 통념이고, 그 공동체를 다스리는 수장 또한 통치에 임할 때 그 통념을 판단의 근거로 삼으며 공평성에 주의를 기울였을 것이다. 그리고 그것이 이윽고 "공은 공평하게 나누는 것[平分]이다"라는 어원설을 낳을 정도로 일반화되고 또 이념으로서도 보편화되기에 이르렀을 것이다.

이리하여 중국에서는 전국 시대부터 한대에 걸쳐 공사가 '평분'과 '간사'라는 윤리·반윤리의 상대 개념으로 출현하기에 이르렀다.

이미 알아차렸겠지만 이처럼 '간사함'으로 여겨진 중국의 반윤리적인 '사'는 도저히 일본의 '와타쿠시'처럼 일인칭 개념이 될 수 없다.

이렇게 보면 일본과 달리 이러한 윤리 관념을 낳은 중국 '공사' 관념의 특이성이 새삼 주목된다.

이 대목에서 "아니, 잠깐 기다려 봐. 일본의 오오야케=공에도 공평의 의미가 담겨 있을 것이다" 하고 반론을 펼지도 모르겠다.

확실히 쇼가쿠칸小學館《일본국어대사전》의 '오오야케' 항목은 "말은 고상하고 논의는 '오호야케' 하다"(《難波物語》), "이 두 사람을 귀국시키는 것이 다케토모武朝의 '오오야케'라고 하는 것이다"(가부키 〈法懸松成田利劍〉)의 사례를 들며 '공평함, 사정私情이 없다는 것'이라는 의미를 붙이고 있다.

그러나 여기의 '오오야케'는 '치우치지 않고 두루 미치고 있다. 완전하고 모자라는 데가 없다'는 의미에서 공평하게 두루 살피는 것을 말한다. 중국의 '공'이 독점이나 이기주의를 가리키는 '사'에 대해 배분의 공평·균분을 말하는 것과는 역시 다르다.

또한 많은 사람이 조금도 이상하게 생각하지 않고 사용하고 있는 한화사전漢和辭典은 실은 고대 중국어를 일본어로 번역한 중일사전中日辭典 부분과 일본제 한자어를 해설한 한어사전漢語辭典(즉 일일사전日日辭典) 부분이 원칙 없이 혼재된 것이다. 따라서 설사 거기에서 공평·평등 등의 뜻풀이가 보인다 해도 그것은 중일사전의 '공' 부분의 뜻풀이로 실려 있는 것이지, 원래 일본어 '오오야케'

부분의 뜻풀이가 아니라는 것을 알아야 한다. 그것은 예를 들어 '평등하게 나눈다'는 것을 '오오야케' 하게 나눈다고 말하지 않는다는 그 한 가지 예만으로도 알 수 있는 것이다.

중국의 '공'과 일본의 '오오야케'

그러면 중국의 '공평하게 나눈다'는 뜻의 '공'을 살펴보도록 하자.

바로 앞에서 공동체에 있어서의 균평·공평 등의 규범적 통념이 이윽고 '공평하게 나눈다'는 뜻을 낳게 되었을 것이라고 추측했다.

이렇게 추측할 때 곧 떠오르는 커다란 의문이 있다. 그렇다면 어째서 똑같이 수장·공동성을 원뜻으로 갖고 있다고 여겨지는 일본의 '오오야케=공'이 중국의 '공'과 같이 균평, 공평과 같은 원리 개념을 낳지 못했을까 하는 의문이다.

이 의문에 답할 수 있는 방도가 필자에게는 없다.

이 의문에 답하지 못하는 한 공동체에서 '평분平分'으로의 추이를 가정한 위의 추론도 그 기반을 잃지 않을까 하는 말을 듣게 될 것이다. 그것에 대해서는 어떤 공동체의 역사는 '평분' 윤리를 낳고, 또 어떤 공동체의 역사는 그것을 낳지 않았다는 메커니즘의 차이—뒤에서 언급하듯이 중국의 종족제宗族制는 공유 재산제를 낳고 일본의 가족제는 사유 재산제를 낳았다는 그러한 역사, 사회, 생활풍습 등의 차이—가 필시 있었을 것이라고 대답할 수밖에 없다.

다만 여기서는 메커니즘의 차이와 관계가 있을 것 같다고 생각되는 사항을 지금부터 기술하고자 한다.

첫 번째, 중국의 '공'과 일본의 '오오야케'에 각각 내포되는 수장首長 개념과 관련된 황제와 천황의 존재 양태의 차이이다.

중국에서 황제의 권력을 정통화하는 것은 천명天命 관념이다. 알기 쉽게 풀어서 말하면 황제의 위에 또 만물의 주재자로서의 천天이 있고, 황제라고 해도 하늘의 뜻을 거스르는 것은 허용되지 않는다.

이 하늘의 의지는 《서경書經》에서 "백성들이 원하는 바를 하늘은 반드시 따른다"(泰誓 상)라든가, "하늘은 백성들이 보는 것을 통해 보고 백성들이 듣는 것을 통해 듣는다"(泰誓 중)라고 하듯이 백성의 뜻이기도 하다. 그리고 이러한 민본民本 관념은 《여씨춘추呂氏春秋》에 나오는 전국 시대 말기 귀공貴公의 유명한 언설인 "옛날에 선대의 성왕聖王이 천하를 다스릴 때에는 반드시 공정함公을 우선했다. 공정하면 천하는 편안해질 것이다. 편안함은 공정함으로부터 얻어진다. …… 천하는 한 사람의 천하가 아니고, 온 천하 사람의 천하이다. 음양의 조화는 한 부류만을 기르지 않고, 감로시우甘露時雨 (천하가 태평하면 내린다는 단 이슬과 때에 맞게 내리는 비)는 한 사물에만 사사롭게 하지 않으며, 만민의 군주는 한 사람만 편애하지 않는다"를 낳고 있다.

즉 여기서는 하늘의 만물·만민에 대한 공평무사한 본연의 모습이 위정자의 통치의 핵심으로 제시되고 있다.

천명 관념이 통치자의 권력의 배경에 놓이게 된 것은 주나라 시대 이후에 접어들고 나서부터의 일로 여겨지는데, 이러한 하늘 및 천명의 관념이 "천도는 공평하며 사사로움이 없다天無私覆"(《장자》大宗師)고 일컬어지는 절대적인 공평무사함과 결합된 데 중국의 특색이 있다.

이 하늘·천명의 공평무사라는 관념이 맨 처음의 공동체의 균평·공평의 규범을 단순한 공동체 내의 생활 의식 수준에 붙잡아 두지 않고, 널리 하늘·천하라는 보편 세계로 넓혀 나가 '공' 개념에 균평·공평·공정이라는 보편적 원리를 가져 온 것은 아닐까.

다른 각도에서 말하면 통치자로 하여금 "백성이 바라는 바는 하늘이 반드시 이를 좇아 성취시켜 준다"고 말하게 한 백성에 대한 두려움, 또는 "왕이 된 자는 백성을 하늘로 여기고, 백성은 음식을 하늘로 여긴다"(《한서漢書》酈食其傳)는 백성의 생존 욕구에 대한 통치자의 자각, 그리고 통치자를 그처럼 자각시키고 두려워하게 하는 백성의 존재 등이 천=균평='공' 이라는 관념의 배경에서 드러나지 않는가.

두 번째로, 대륙에서 흔히 있는 일로 중국의 백성은 대홍수·큰 가뭄·병충해 등의 자연 재해에 언제나 노출되어 《한서》이래 정사正史에도 그때마다 "사람들이 서로 잡아먹었다"고 기술될 정도로 비참한 기근에 자주 시달렸으며 또한 민족의 이동에 필적하는 이민족의 침입, 국내의 전란 등 그 자연적·지리적 조건이 고대 일본 중심지였던 아스카飛鳥 지방의 분지 특유의 온화한 풍토와는 비교할 수 없을 정도로 가혹한 것이었다는 점을 들 수 있다.

필자는 중국의 이러한 자연 풍토와 그것에 의해 초래되는 사회의 유동성이 천天이나 도道, 리理 등, 어느 것을 선택하더라도 일본의 그것과는 다른 보편적 이념성·교조성을 갖춘 이데올로기적인 관념을 낳을 조건이 되어 있다고 항상 생각하고 있는데, 이것을 '공' 관념에 대해서도 말할 수 있지 않을까?

공동체라는 장을 설정해 생각해 봐도, 그 공동체가 일본의 경우처럼 정주적定住的이고 그 성원이 지연·혈연상 친밀한 관계에 있는 사람들이라면 '오오야케' 의 정해진 일로서 서로 암묵리에 분배하고 부담하며 특별히 균평均平이라든가 평분平分이라든가 하는 것을 강조할 필요가 없을 것이다. 오히려 앞에서 언급한 '오오야케·와타쿠시' 의 영역 관계 속에서 모두 '오오야케' 를 위해 서로 협력하며 서로 지탱해 주는 그런 긴밀한 공동 관계로부터 일탈한 자는 "무라하치부村八分" (따돌림)[24] 을 하는 동질적이고 배타적인 친화성이 강조되기에 이를 것이다.

한편 유동성이 높고 공동체 성원이 자주 바뀌어 혈연·지연만으로는 단결되지 않는, 말하자면 타인 간의 관계에서는 언제 어디서나, 또 누구에게나 적용되는 보편적인 이념·규범이라는 것이 필요해질 것이다.

중국의 '공' 이 일본의 '오오야케' 처럼 자신이 속한 공동체의 참여·봉사라는 데 머무르지 않고 공동체의 틀을 넘어선, '평분' 이라는 보편적 이념·규범을 지니게 된 배경에는 위와 같은 자연·지리·역사적 조건이 있었을 것이라고 생각되지 않는가. 이상과 같이 어째서 중국의 '공사'에는 '평분'과 '간사'의 윤리성이 부가되었는지에 대해 오로지 그 이유를 중심으로 생각해 보았다.

'공사'와 윤리

다음으로는 그 윤리성이 사람들에게 어떤 이미지를 갖고 있었는지 살펴보고자 한다.

유명한 것으로 《예기禮記》예운편禮運篇 대동大同의 한 대목이 있다. 조금 길지만 다음과 같이 인용한다.

공자가 말했다. 대도大道가 행해지면 천하는 '공'이 구현될 것이다[天下爲公]. 사람들은 현자를 뽑아 위정자로 삼고 능력 있는 자에게 관직을 부여하며 서로 믿음을 가르치고 화목한 사회를 구현한다. 따라서 사람들은 자기의 부모만을 부모로 알지 않고 자기 자식만을 자식으로 알지 않게 된다. 노인이 편안한 여생을 살게 하고, 젊은이는 일할 조건이 보장되며, 어린이는 길러 주는 사람이 있고, 홀아비나 과부, 고아, 자식 없는 외로운 사람, 불치의 병에 걸린 사람 등도 모두 부양받게 된다. 남자는 적령이 되면 일정한 직업이 생기고 여자는 시집갈 곳이 있다. 재화가 땅에 버려지는 것은 싫어하지만 반드시 자신이 사적으로 저장할 필요는 없다[不必藏於己]. 스스로 노동하는 것을 싫어하지 않으며 자기 자신만을 위해 하지 않는다. 그러므로 모략은 일어나지 않으며 도적이나 난적亂賊도 발생하지 않는다. 따라서 집집마다 대문을 닫을 필요가 없다. 이런 상태를 대동大同이라 한다.

첫머리에 '공자가 말했다'고 되어 있지만 이것은 후대 사람의 가탁假託에 지나지 않는다. 애당초 《예기》 자체가 전한前漢 시대에 편찬된 것이고 이 예운편도 도가道家 계열의 문장이라거나 묵가墨家 계열의 문장이라고 하는 여러 설이 분분하지만, 여기서는 이 문제에 깊이 파고들 생각이 없다.

다만 이 대동을 말하는 대목이 약자 구제와 상호 부조의 구체적 지표로서 종족제 속에 받아들여지고, 또 "자기 자신만을 위해 하지 않는다[不必爲己]"는 반이기적인 "천하위공天下爲公"은 대동의 이상으로 계승되었으며, 특히 근대에는 캉유웨이康有爲(1858~1927)의 《대동서大同書》라는 남녀·계급·국가·인종의 담을 넘은 반이기적인 유토피아적 세계상의 제시로서, 그리고 '천하위공'을 혁명의 원리로 삼은 쑨원의 삼민주의三民主義로서 널리 중국인들 사이에 침투해 있다는 것은 알아 둘 필요가 있다. 이러한 '평분', '불필위기不必爲己' 등의 균분·균평·공평이나 반이기적인 '공'의 근대적 양상에 관해서는 뒤에 다시 기술할 것이다. 여기서는 다만 일본 '공사'의 영역성이라는 특성에 반해 중국 '공사'의 특성은 윤리성·원리성에 있다는 것을 확인해 두고 싶을 뿐이다.

물론 그렇기는 하지만 중국의 '공사'가 윤리·원리 일색이라는 것은 아니다.

《시경》의 공전公田·사전私田에 보이는 정치적·사회적인 '공사' 관계는 《순자》의 '공환公患', '사우私憂', 《한비자》의 '공가公家', '사문私門' 등을 거쳐 진한 제국의 성립과 함께 '국가·조정·관부官府' 대 '사가私家·사문'의 정치적 '공사'나 '공공연함·공동' 대 '은사隱私·개사個私' 등의 사회적 '공사' 관계를 구성하고 있었다는 것 또한 알아 두지 않으면 안 된다.

아마도 '公'이라는 글자가 일본에 들어왔을 때 이 중국의 '공'에 내포된 조정·관부 및 공공연함·공동 등의 뜻을 보고 수장·공동체라는 뜻을 지니고 있는 '오호야케'의 번역어로 나타낸 결과, 거꾸로 그 '오오야케=공'에 중국의 '공'이 지니는 조정·국가·관부의 의미가 덧붙여졌던 것은 아닐까. 다만 그때 윤리·원리의 '균평·공평'은 사상되고 그 대신 중국에는 없는 것으로서 천황 자체를 직접 '오오야케'라고 부르는 것이 덧붙여졌다.

이상의 것을 중국의 '공사'와 관련해 다시 정리해 보겠다.

1. 중국의 '공사'는 의미상 세 개의 그룹으로 나누어졌다. 하나는 수장적 측면에서의 공가公家·공문公門·조정·관부 등 정치적 '공'의 그룹, 또 하나는 공동체적 측면에서의 공동·공공연함의 사회적 '공'의 그룹이다. 이 두 개의 그룹은 일본의 '오오야케'의 원뜻과 비슷하며 일본의 '오오야케=공'의 의미로 받아들여졌다. 그리고 세 번째로 중국의 '공사'의 독자적인 특성으로서 균평이나 반이기적인 '공'과 편사偏私나 이기적인 사私 등 윤리적·원리적인

'공'의 그룹이 있다.

2. 위의 윤리적·원리적 '공'에는 천天의 절대적인 공평무사성이 투영되어 있다고 생각된다.

3. 일본의 '오오야케=공'이 최고위를 천황이나 국가로 삼아 그것을 오오야케=공 영역의 극한으로 삼은 데 반해, 중국의 '공'은 황제 및 국가 위에 더 보편적·원리적인 천天의 '공'을 올려놓고 있다.

4. 중국의 '사'는 일본의 '와타쿠시'와 마찬가지로 관에 대한 민(사가私家), 혹은 내밀한 일이라는 은사隱私 등의 의미를 지니고 있지만 곡사曲私·이기利己 등의 반윤리적인 의미도 지니게 된 탓인지 일인칭을 나타내는 말은 되지 못했다.

이상을 그림으로 나타내면 다음과 같다.

〈표2〉 중국과 일본의 공사

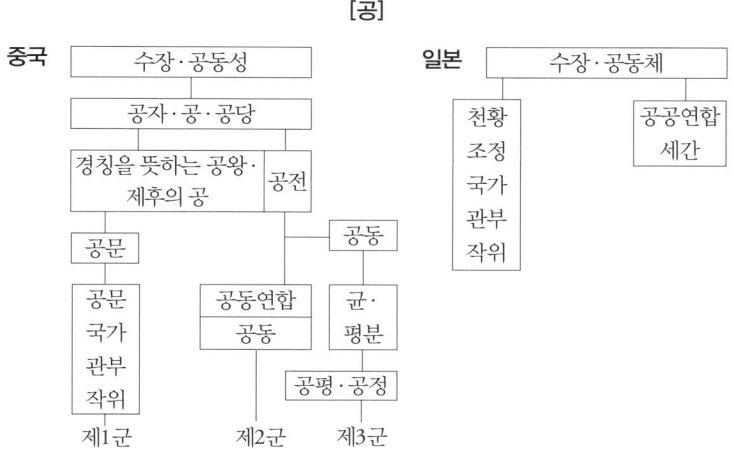

[공]

제1군   제2군   제3군

[사]

중국

사·사전
├ 사문
├ 은사 ─ 곡사
　　　　└ 간사

일본

와타쿠시·사
├ 사문
└ 은사 ─ 일인칭

근대의 공公
― 일본과 중국

근대 일본의 '공'

앞에서 일본 '오오야케=공'의 영역의 한계는 천황·국가까지라고 기술했다. 여기서 잠깐 이 영역성을 근대 일본의 '공'과 관련해 생각해보자.

'오오야케=공' 영역의 한계를 알기 쉽게 나타낸 것으로 후쿠자와 유키치의 다음과 같은 언설이 있다.

옛날 봉건 시대에 이루어진 여러 번藩들 사이의 관계가 어떤 것인지 모른단 말인가. 각 번의 인민이 반드시 부정한 사람이 아니었음에도 불구하고 번과 번 사이의 교제에서는 각자가 사적인 입장을 취할 수밖에 없었다. 그 '사私'는 번의 외부에 대해서는 '사'이지만 번의 내부에는 '공公'이라고 하지 않을 수 없다. 이른바 각 번의 정실情實이라 함은 바로 이것이다. 이 사적인 정실은 천지天地의 공도公道를 주창한다고 해서 제거될 수 있는 것이 아니며, 번이 존속하는 동안에는 번과 더불어 무궁히 전승되어야 했던 것이다. ······ 일본국 내의 여러 번에 있어서

조차 사정이 이럴진대, 하물며 동서로 멀리 떨어진 이역만리의 외국인과의 교제에서 천지의 공도를 따라야 한다니 어떤 마음에서 그런 말을 하고 있는 것인가. 세상물정에 어둡기가 또한 이를 데 없다. 속되게 말해 고지식한 사람의 논의라고 할 수밖에 없다(《문명론의 개략》 6권).

여기서는 번을 위해 봉사하는 것이 번의 내부에서는 번이라는 '공'을 위해 진력하는 것이 되지만 번을 위한 '공'이 다른 번과 대립하며 다툴 경우에는 다른 번에 대해 자기 번이 '사'가 된다고 한다.

이러한 '공사'의 이중구조적 성격은 작게는 마을[村]과 마을 간의 다툼 등에 대해서도 말할 수 있을 것이다. 자기 마을에 조금이라도 유리해지게 하는 것이 마을이라는 '오오야케'를 위해 진력하는 것이지만, 이러한 마을을 위한 '오오야케=공'의 행위는 대외적으로는 그 마을의 '자가自家(와타쿠시)' 이익의 주장이 될 것이다.

일본의 '오오야케=공'이 보다 큰 영역에 대해서는 '와타쿠시=사'가 된다는 '공사'의 중층성中層性—예컨대 어느 교사에게는 자신이 속한 초등학교가 '오오야케'의 장이 되지만, 초등학교를 대표하는 교장에게는 그 외부의 마을이나 읍이 '오오야케'가 되고 자신의 초등학교는 그에 반해 '와타쿠시' 영역이 된다. 또한 마을이나 읍에 대해서는 그 외부의 현縣이 '오오야케' 영역이 되고 그에 반해 자기 마을이나 읍은 '와타쿠시' 영역이 된다는 것은 주지의 사실이다.

이러한 중층적 구조일 경우 만약 마을과 마을 사이의 다툼이 결말이 나지 않는다면, 그것을 조절할 수 있는 것은 결국 그 마을을 넘어선 현縣의 '오오야케'의 입장일 것이다. 그 경우 이 다툼이 예컨대 신설 고등학교 유치 경쟁이라면, 현은 현 전체의 취학 인구의 분포 등을 기반으로 조정하게 될 것이다. 이때 보다 큰 입장이라고 하는 것이 바로 '오오야케'의 공평한 입장이 된다('오오야케=공평'에 관해서는 뒷장에서 별도로 논하게 될 것이다). 현과 현의 경우에도 비슷한 일이 있을 것이다. 그리하여 마지막에는 국가에 이르게 되는데, 국가와 국가의 다툼과 관련해서는 일본의 '오오야케=공'의 구조에서는 그것을 넘어선 보다 큰 '오오야케=공'의 영역이라는 것은 상정되고 있지 않다. 즉 조정자가 존재하지 않는다.

조정자가 존재한다면 보편 절대의 공평한 '천지의 공도'라는 것이 있고 또 그 '천지의 공도'가 모든 국가에서 준수된다는 전제가 공유되고 있지 않으면 안 된다.

하지만 그와 같은 것은 존재하지 않으며, 그런 것에 의지하는 것은 '세상 물정에 어둡기 이를 데 없는 일'이라고 후쿠자와는 말하고 있다.

이처럼 '공도'라는 것이 존재하지 않는다면, 스스로 자신들의 범위 내에서 문제를 해결할 수밖에 없지만, 일본의 '오오야케=공'은 다른 나라와 다툴 때 '오오야케=공'이 영역적이라는 그 한계 때문에 그 다툼을 조정하는 기능이나 원리라는 것을 그 개념구조

안에 본래 지니고 있지 않다. 그럴 경우에 국민은 국가라는 '오오야케=공'을 위해 진력하는 것, 즉 오로지 국가의 자기 주장의 실현을 위해 진력하는 길 이외에는 아무런 선택지도 부여받지 못한다. 설령 그것이 다른 나라에 대한 침략 행위라 하더라도 그 옳고 그름을 가리는 논리가 영역적인 '오오야케=공' 속에서는 나오지 않는다.

2차 세계대전 때 일본 국민을 몰아붙인 멸사봉공滅私奉公의 비극은 무엇보다 일본의 '오오야케=공'의 이러한 몰원리적沒原理的인 특성에서 유래하는 것이었다.

내친 김에 언급해 두면 그때 '멸사'에서 '사'가 일본에서는 문지방 안의 자가自家의 세계(집·가정·자신)로서 그 영역을 인정받고 있었던 만큼 그것을 '없앤다'는 것은 '사'에게는 비극적인 일이었다. 국민은 '국가=공'을 위해 가족이라는 '사'의 영역을 버렸으며, 자신의 재산과 생명이라는 '사'의 영역을 버리고 전쟁에 종사했던 것이다. 중국 문화대혁명 때의 '대공무사大公無私(매우 공평해 사사로움이 없다)' 슬로건도 숱한 비극을 낳았지만, 중국의 '공사'에는 윤리성이 있기 때문에 원칙적이기는 하지만 '대공'은 전체·공동의 이익, '무사'는 이기심을 버리는 것이라는 공통적인 인식이 있었다는 것이 일종의 구원이었다. 그와 달리 일본의 '멸사'는 마침내 옥쇄玉碎를 미화하는 데까지 이르고 말았다.

공평公平의 원리

　이런 옳고 그름을 가리지 못하는 '오오야케=공'의 체질은 내부의 '와타쿠시=사'에도 종종 누를 끼치지 않을 수 없다.

　작은 영역의 '와타쿠시'끼리 다툴 때 '오오야케'가 조정할 경우에는 어떤 공평의 원리를 기대할 수 있지만, 그 작은 영역의 '와타쿠시'가 보다 상위의 '오오야케'와 다툴 경우에는 양자를 조정하는 제삼자는 사법司法밖에 없다. 그러나 만약 그 상위의 '오오야케'가 국가일 경우에는 국법이 국가의 법인 이상 작은 영역의 '와타쿠시'는 그것을 따르는 수밖에 없다. 오키나와 미군기지를 둘러싼 오키나와현과 국가의 다툼이 바로 그러한 사례이다.

　기지 문제는 국가가 타국과 약속한, 이를테면 국가 차원의 '공적인 일'로서 오키나와현에 의무로 부여되어 있다. 오키나와현은 그 '오오야케=공'의 의무에 대해 지방 차원의 '와타쿠시私'가 져야 하는 부담의 불공평을 호소하거나 기지를 두는 데 따른 '와타쿠시'의 고통을 호소할 수 있을 뿐, 애당초 기지 그 자체의 정당성·부당성, 정의·부정의성을 기준으로 공公·불공不公을 판단하는 논리가 '오오야케=공'에는 갖추어져 있지 않다.

　이처럼 영역적인 성격으로 인해 자연히 몰원리적일 수밖에 없는 일본의 '오오야케=공'에 반해, 원리적이라고 생각되는 중국의 '공'은 어떤 내용을 지니고 있을까?

　우선 중국의 '공'을 원리라는 측면에서 문제 삼을 때 가장 먼저 거론해야 하는 것은 하늘 또는 천하의 '공'이라는 원리세계에서 내려다 볼 때 황제가 종종 '일성일가一姓一家의 사'로 폄하된다는 것이다.

앞에서 말했듯이 일본에서는 일찍이 최고위의 공인公人은 천황이었으며, 그 천황에게는 지금도 성姓이 없다. 즉 천황은 백성에게 성을 하사하는 입장의, 이를테면 구름 위의 사람이며, 그 자신은 성姓이라는 '와타쿠시'를 초월한 존재이다. 따라서 '사인私人'으로 취급되는 일이 없다.

이에 반해 중국의 황제는 한나라의 유劉씨, 당나라의 이李씨, 송나라의 조趙씨, 명나라의 주朱씨 등과 같이 역대 왕조 중에 성을 갖고 있지 않은 황제는 없다. 즉 그들은 본질적으로 백성百姓 중 한 성姓이자 한 성원에 불과하다.

그런 존재가 황제로서 공문公門·공가公家라 불릴 수 있는 것은 그들이 천하 만민萬民의 총의總意를 체현하고 있다고 간주되는 경우에 한해서이며, 실은 잠재적으로는 '공'은 천하 만민 측에 있다.

따라서 황제가 그 천하 만민의 '공'에 등을 돌리고 천하 만민의 이반을 초래하는 사태에 이르게 되면 황제 일가는 '공가'가 아니라 단순한 '일성일가의 사'로서 '공'의 입장에서 추방된다.

이 경우 천하 만민의 '공'은 구체적으로 말하면 만민의 생존이 달성되어 만민 사이에서 생존할 수 있는 자와 생존할 수 없는 자라는 불균등 상태가 발생하지 않는다는 것을 의미한다.

'천도는 공평해 사사로움이 없다[天無私覆]'는 천의 공평무사성은 구체적으로는 만물의 동등한 생존, 즉 생존의 균등을 말하는 것이다. 따라서 그 하늘의 명을 대행하는 황제에게는 '한 남자라도 (생존하지) 못하는 이가 있다면 이것은 곧 나의 허물'《서경》說命下)이 된다.

이러한 천하 만민의 생존의 균등이라는 테제는 중국에서는 3,000년에 걸쳐 정치의 대강大綱으로서 대대로 계승되었으며, 근대에는 쑨원이 그의 삼민주의의 강령으로 삼았다.

> 무엇을 삼민주의라 하는가. 즉 민족民族, 민권民權, 민생주의民生主義이다. 민족주의는 세계 인류의 각 민족이 평등하며 어떤 종족도 다른 종족에 제압되는 일이 있어서는 안 된다는 것이다. ……민권주의는 사람들은 평등하고 똑같은 일족一族이며 절대로 소수가 다수를 억압해서는 안 된다는 것이다. ……민생주의는 빈부가 균등하며 부자는 가난한 자를 제압해서는 안 된다고 하는 것이다〈實行三民主義改造新國家〉).

여기서는 평등을 저해하는 것으로서 '압제壓制'가 정치·경제의 장에서만이 아니라 국제 관계의 장에서도 배격당하고 있음을 알 수 있다. 국내의 정치·경제의 장에서 발휘되어야 한다고 여겨지는 공公=평등 원리가 국제 사회의 장에서도 당연히 발휘되어야 한다고 쑨원은 생각하고 있다.

천하의 공리公理

중국 '천하=공'의 관점에서 말하면 어떤 한 나라가 이기적인 것을 달성하려고 하는 것은 일국의 '사'이며, 그것을 굳이 관철하려고 하는 나라나 국민의 행위는 '이기=사'의 행위로 지탄받지 않으면 안 된다. '공사'에는 국내·국외, 자국·타국에 따른 차이는 존재하지 않으며 어떠한 장소, 어떠한 장면에서도 통용되는 보편성이 구비되어 있다. 그래서 쑨원은 이러한 중국의 '공'의 보편성·원리성을 준거로 삼아 열강의 침략에 대한 반침략 전쟁에 대해 "앞으로의 전쟁은 강권强權과 공리公理의 전쟁이 될 것이다"(《삼민주의》 민족주의)라고 말하고 있다.

이 '공리'가 앞에서 후쿠자와가 말한 '천지의 공도'임은 두말할 나위도 없을 것이다. 즉 중국의 '공사' 관념 속에는 자국이 타국과 싸울 경우 그 싸움의 가부를 판단하거나 조정하는 논리가 보편적인 원리로서 구비되어 있다.

그것은 결국 중국의 '공'이 '국가의 공'에 머무르지 않고 '천하의 공'에까지 이르는 것이라는 데서 기인한다.

한편 이 '천하의 공'은 중국인에게서 '국가=공'이라는 '초점'에 결집하려는 힘을 빼앗아 이른바 국민 국가를 형성하는 데 있어서 일본에 크게 뒤지게 만드는 요인이 되었다.

(중국인은 중국을 볼 때) 중국인의 중국으로서 중국을 보지 않고 천하인

의 중국으로서 중국을 본다. 결국에는 양민良民으로서 공천하주의公天下主義를 실행에 옮겨 적군에게도 부지런히 먹을 것과 물을 바쳐 마침내는 이민족의 압제에서 노예의 치욕을 당하는 지경에 이른다(《公私篇》,《浙江潮》제1기, 1903).

이것은 20세기 초엽에 열강의 침식에 초조감을 느끼던 중국 지식인의 목소리 중 하나인데, 이러한 중국인의 애국심 결여라고 하는 것은 중국의 지식인뿐만 아니라 중일전쟁 시기의 일본인도 중국 멸시의 일환으로 자주 입에 올렸던 것이다.

그러나 이러한 애국심의 결여라는 일면은 강권보다도 공리를 중시하는 중국의 전통적인 윤리관과 표리를 이루는 것이었다.

그것은 1931년에 일본군이 산둥성에 출병했을 때 어느 대표적인 중국인 지식인이 말한 다음과 같은 구절에도 잘 나타나 있다.

(근대 문명의 국가가) 중국을 침략하기 전에는 우리는 그것을 부러워하고 그리워하며 모방하려 했다. 중국을 침략한 뒤에는 우리는 그것을 원망하며 똑같은 위력으로 저항하려 하고 있지만, 나보고 말하라면 그것은 천박한 짓이다. ……나는 애당초 이러한 강포한 행위가 고상한 문명이라고는 생각하지 않는다. …… 나는 일본의 산둥성 출병에 대해 인류의 죄악이라는 점에서 반대하지만, 그들이 우리를 명멸하고 제압하려 하기 때문에 반대하는 것은 아니다. …… 우리는 반드시 인류의 고상한 정신에 입각해서 침략에 반대하지 않으면 안 된다(梁瀨冥,〈산둥

성 사건에 대한 소감對于東省事件之感言〉,《梁漱溟全集》제5권).

공고한 '국가=공'으로 결집해 아시아에서 가장 빨리 근대 국가를 성립시켰다는 사실을 자랑하고 있던 당시의 근대 일본인은 량수밍梁漱溟(1893~1988)의 이러한 인류적인 공리公理에 입각한 발언을 경청할 만한 귀를 지니지 못했다.

천황을 최고의 '오오야케', 국가를 최대의 '오오야케'로 삼고 그것을 위해 진력하다가 죽는 것을 명예로 간주하고 있던 일본의 근대적인 '공' 윤리의 관념에서 보면, 량수밍의 이 발언은 그저 무력하고 세상 물정에 어두운 고지식한 사람이 억지를 부리는 것으로밖에 들리지 않았을 것이다.

일본의 영역적인 국가주의의 '공'과 중국의 원리적인 공리公理주의의 '공', 즉 근대의 일본과 중국의 두 가지 '공'은 큰 차이가 있었다.

중국의 '리理'

여기서 중국인을 이와 같이 원리주의적으로 만드는 '리理'라는 관념에 대해 언급하겠다.

중국에서는 '천'이나 '공'이라는 말은 종종 '리'와 결합해 천리天理·공리公理라 불리는데, 실은 이 '리'라는 관념이 '천'이나 '공'

의 원리성을 지탱하고 있는 것이다.

중국 특유의 '리' 관념의 특질은 그 보편적인 원리성에 있다. '리' 관념은 우주의 법칙성을 내실로 삼으며 수당隋唐 무렵부터 원리성을 획득하기 시작해 송대宋代 이후 또다시 사람이 준거해야 할 우주적인 도덕 자연법 또는 규범이라는 내실이 추가되어 그 후 기준으로 삼고 따라야 할 우주 원리인 동시에 도덕 규범으로서 중국인의 마음속에 정착했다.

특히 '공' 원리는 때로는 황제를 그 권좌에서 끌어내리거나 자국의 대외 활동을 점검하거나, 혹은 국내의 불평등 관계를 시정하는 기능을 갖추고 있는 것이다.

그렇기는 하지만 기능이 이론적으로 갖추어져 있다는 것이 반드시 그 기능이 현실에서 정상적으로 작동하고 있다는 것을 의미하지는 않는다.

최근에 많은 사람이 실제로 목격한 것을 예로 들어 말하면 문화대혁명기의 '조반유리造反有理'(모든 반항과 반란에는 나름대로 정당한 도리나 이유가 있음을 이르는 말)의 '리'가 있는데, 그 '리'가 정말로 공정하고 타당한 '리'였다고 누구도 강변하지 못할 것이다.

덧붙여 말하면 '리'의 운용의 위험성에 대해 일찍부터 깨달은 사람이 있는데 바로 청대淸代 중엽의 대진戴震(1723~1777)이다. 그가 쓴 글에 '리'에 대한 다음과 같은 구절이 있다.

윗사람은 '리'에 의거해 아랫사람을 꾸짖고, 연장자는 '리'에 의거해 연소자를 나무라고 존귀한 사람은 '리'에 의거해 비천한 사람을 꾸짖으며, 자기 자신이 틀렸으면서도 올바르다고 주장한다. 아랫사람, 연소자, 비천한 사람이 '리'를 다투면, (그 주장이) 올바르더라도 틀렸다고 한다. ……윗사람이 '리'에 의거해 아랫사람을 꾸짖고 아랫사람의 죄로 간주하는 예는 일일이 들 겨를도 없이 많다. 사람이 법에 의해 사형당하면 아직 불쌍하게 여겨 줄 사람이 있겠지만, '리'의 이름으로 죽임을 당한 경우에는 아! 누가 가엾게 여기겠는가(《孟子字義疏証》 권상, 理).

이것은 '리'가 권력자·세력가·유력자의 자의적인 운용에 맡겨졌을 때의 비극을 말하는 것인데, 여기서 비극은 법에 저촉되어 사형당하는 것보다 '리'의 이름하에 죽임을 당한 경우를 가리키는 것으로 여겨지고 있는 데 유의해 두고 싶다. 법의 경우에는 어차피 사람이 만든 것이기 때문에 오류도 있을 것이고 권력자가 법을 핑계 삼아 원한을 푸는 일도 있다고 사람들이 생각해 주지만, '리'에 어긋났을 때에는 말하자면 인간으로서의 '길'에서 벗어난 짐승과 다름없는 사악한 자로 취급되고 만다는 것이다.

그 정도로 '리'의 원리성·도의성·규범성은 강력한데, 그와 같은 속성은 실은 많든 적든 '공'에도 부수되어 있다.

문화혁명 때의 '대공무사大公無私'는 전체의 이익을 중시하고 개인의 이기를 배격한다고 하는 내용의 슬로건으로서 '이기'라는 반도의적 측면이 비판받아야 할 것이었지만, 실제로는 이기주의자로 인정되면 거의 전인격이 부정되는 것과 마찬가지였다. 원리적인 일로 여겨진 만큼 인정이라고는 손톱만큼도 없이 철저하게 짓이겨졌다. 그것은 때로는 부모와 자식, 부부 사이에서조차 문자 그대로 인정사정 없이 실행에 옮겨졌다.

또한 중국인의 '공公천하주의'의 측면만 강조했기 때문에 균형상 덧붙여 두지 않으면 안 되겠지만, 국가적 '공' 관념이 희박하다고 일컬어지던 중국인의 경우에 1949년 신중국의 성립은 그들에게 애국심을 주입시키는 계기가 되고 그 후 약 30년에 걸쳐 유사이래 처음이라고 해도 좋을 정도로 그들의 애국심(이라기보다는 애민족심愛民族心)은 고양되고 있다. 하기는 가장 최근에는 다시 '공천하주의'로 되돌아가고 있는 것처럼 보이지만.

이상과 같이 일본과 중국의 '공사'에서의 영역성과 원리성이 각각 근현대에 보여 준 양상의 차이에 대해 기술했다.

'공'에서의 일본과 중국의 공동성
— 영역의 공동과 유대의 공동

'공' 과 공동성

'공'에는 공동성이라는 관념이 따르는데, 실은 이 공동성이라는 관념의 경우에도 일본과 중국 사이에 큰 차이가 존재한다.

그것을 우선 '공'의 가장 큰 영역인 국가에서의 국민적 공동성이라는 측면에서 살펴보도록 하자.

이하에서 근대 초기에 똑같이 국가를 회사에 비유하며 정부와 인민의 관계를 설명한 일본과 중국의 예를 들어 살펴보자.

이것(국제國制)을 비유해서 말하면, 100명의 상사商社가 사전에 약정한 뒤에 사내의 인물 가운데서 10명을 뽑아 회사의 지배인으로 정해 두었는데, 그 지배인들의 조치에 대해 나머지 90명이 자신들의 뜻에 맞지 않는다고 독자적으로 사업 방식을 의논하고 지배인들이 술을 팔려고 하면 90명은 경단을 매입하려고 하는 등 논의가 분분해 ……상업의 법도에 어긋나고 타인과 논쟁을 벌이는 등의 일이 생기게 되면, ……그 손실을 상사 100명이 똑같이 부담해야 한다. …… 따라서 국법이 올바르지 않고 불편하다 하더라도 그 올바르지 않은 측면이나 부실을 구실로 삼아 이것을 어겨서는 안 된다(후쿠자와 유키치, 《학문의 권유》 제7편).

루소의 《사회계약론》에 의하면 우선 처음에 인민이 있고 그 인민이 점차 모여서 마침내 국가가 된다. 예컨대 하나의 회사와 같은 것으로 거기에는 주주가 있고 경영자가 있고 임원이 있다. 경영자나 임원은 온 마음을 다해 함께 회사를 위해 일하지 않으면 안 된다. 임원에게 좋지 않은 점이 있으면 경영자가 그를 처벌해야 하고, 또 경영자가 회사에 손해를 입히는 일이 생기면 임원은 주주에게 보고해 다른 사람으로 교체하지 않으면 안 된다. 만약 양자가 한통속이 되어 피해를 입힌다면 각 주주가 양자의 잘못을 밝혀 바로잡을 권력을 갖는다. 양자의 무책임한 행동을 추종하는 것은 주주의 책임을 방기하는 것, 즉 주주로서의 자격을 상실하는 것이나 다름없다. 군주와 신민의 본래의 관계는 이러한 것이다(陳天華, 〈獅子吼〉 제3회).

후쿠자와 쪽은 경영진(정부)과 사원(국민)의 의견이 일치하지 않을 경우에는 설사 그 경영진이 사원에 의해 선출되었다 하더라도, 혹은 10대 90의 소수일지라도 사원은 그 경영진의 방침에 따르지 않으면 안 된다고 보고 있다. 후쿠자와의 이런 의견의 배경에는 '원래 인민과 정부의 관계는 통일체'이며, 다만 '직분'으로서 정부는 인민을 대신해 법을 만들고 인민은 반드시 그 법을 준수한다고 '굳게 약속했던' 것이므로 따라서 국민이 정부가 만든 법을 따

르는 것은 정부의 법을 따르는 것이 아니라 '자신이 만든 법을 따르는' 것과 다름없다고 보는 그 특유의 사회계약설에 대한 이해가 깔려 있다(《학문의 권유學問のすすめ》제2·6편). 이러한 이해에 따르면 사원이 경영자를 뽑았다는 것은 지배인에게 경영의 '직분'을 위임했다는 것이고, 경영자의 결정은 결국 사원의 결정인 셈이다.

이것은 사회계약설을 '직분'과 '약속'이라는 키워드로 구성한 논의인데, 실은 이 논의의 기초에는 '오오야케'와 '와타쿠시' 간의 영역 분담이라고 하는 전통적인 통념이 가로놓여 있다. 즉 전통적인 '오오야케'의 장에서는 본래 '와타쿠시'의 의견은 주장될 여지가 없고 '오오야케'의 장의 결정은 그 장을 관리하는 수장 및 그 주변 사람들에 의해 이루어진다는 통념이다.

영역의 '공'

이 경우 그러한 '오오야케' 장의 공동성은 그 장의 성원에게는 어떠한 성질의 것일까.

필자는 그것이 마치 공원公園 안에 있는 공중公衆의 입장과 같은 것이리라 생각한다.

공원은 공중에게는 공동의 광장이며 자유롭게 드나들 수 있는 장이지만, 공원의 존립이나 경영에 간여할 권리는 공중에게는 없다. 그 공동성은 '와타쿠시'의 참가를 인정하지 않는, 즉 '와타쿠

시'가 없는 '오오야케'의 영역이고, '와타쿠시'에게 그것은 소여
所與의 영역이기 때문이다. 즉 그것은 '와타쿠시'와 '와타쿠시'가
모이는 결과로 완성되는 공동성이 아니라, 먼저 공동의 광장으로
서 사전에 설정되어 있다. 그러므로 그 공동의 장에 들어서는 사
람들에게는 그 장의 질서를 준수하는 것이 사전에 '약속'되어 있
는 것이다. 즉 그 장에서는 질서를 만드는 '직분'을 갖고 있는 사
람과 그것을 지키는 '직분'을 갖고 있는 사람이 사전에 서로 '약
속'되어 있다.

  그 '직분'을 갖고 있는 정부와 국민의 본연의 모습에 대해 후쿠
자와는 다음과 같이 말하고 있다.

국민이 정부와 약속해 정령政令의 권한을 정부에 위임한 자라면 무슨
일이 있어도 이 약속을 어기고 법을 위반해서는 안 된다. 사람을 죽이
는 자를 체포해서 사형에 처하는 것도 ……공사公事와 관련된 소송을
재판하는 것도 ……폭력으로 물건을 빼앗거나 싸우는 것을 방지하는
것도 정부의 권한에 속하는 일이다. 이러한 일들에 대해 국민은 조금
도 관여해서는 안 된다(《학문의 권유》 제9편).

군대를 일으키거나 외국과 조약을 체결하는 것도 정부의 권한에 속하
는 일이며 이 권한은 원래 약속에 의해 인민으로부터 정부에 부여된
것일진대, 정부의 위정과 관계없는 사람은 결코 이 일에 대해 의견을
교환하며 평가해서는 안 된다(앞의 책, 제7편).

농민과 도시민은 연공과 세금을 내고 엄격히 국법을 준수하며 ……정부는 ……이를 올바르게 집행해 인민을 보호하면 그 직분을 다했다고 할 수 있다(앞의 책, 제2편).

이에 따르면 경찰·사법·외교·군사 등을 포함한 행정상의 '정령의 권한'은 모두 정부의 '직분'으로서 정부에 위임되고, 국민은 조세를 납부하는 것을 그 '직분'으로 삼는 외에 정부의 '직분'에 일절 간여해서는 안 된다는 것이다. 그렇다면 국민의 '와타쿠시' 영역에 대해 후쿠자와는 어떻게 생각하고 있었을까.

사람은 타인의 권리와 의무를 방해하지 않는 한 자유자재로 자신의 신체를 사용할 수 있는 권리가 있다. 자기가 좋아하는 곳에 가든 자기가 원하는 곳에 머무르든, 혹은 일하든 혹은 놀든, 혹은 이런 일을 하든 혹은 저런 행위를 도모하든, 혹은 밤낮없이 공부를 하든 혹은 마음이 내키면 아무 것도 하지 않고 종일 자든간에 남과 관계가 없으면 옆에서 이러쿵저러쿵 의견을 말하며 시비를 가릴 권리가 없다(앞의 책, 제8편).

후쿠자와는 이렇게 말하고 있다. 즉 개인의 '와타쿠시'의 일상 영역은 일을 하든 놀든, 어디를 가든 멈추든, 공부를 하든 아무 일도 하지 않고 보내든, 일어나든 자든, 무엇을 하든 안 하든 간에 모두 자유라고 한다.

'와타쿠시'의 영역 안에서는 자유로우면서도 '오오야케'의 영역 안에서는 '오오야케' 한(공적인) 일에 간여하지 않는다. 그런 한에서 '오오야케'의 장 안에 마련된 공동의 '직분'을 수행한다. 바로 그것이 위의 후쿠자와의 언설에 나타나 있는 '오오야케' 영역의 공동성이며, 그것을 필자는 영역의 공동성이라고 부른다.

그리고 이러한 공동성에서는 장의 질서를 파괴하거나 창설하는 논리는 나오지 않는다.

그렇다면 천티엔화陳天華(1875~1905) 쪽은 어떠할까.

'유대의 공公'

앞에서 인용한 천티엔화의 논의는 후쿠자와의 경우와는 대조적이다. 지배인(황제)이나 임원(정부)에게 잘못된 점이 있으면 주주(국민)가 그것을 밝혀 바로잡거나 파면하고 교체해야 하며, 그렇게 하는 것이 주주(국민)의 권리인 동시에 의무라는 것이다.

여기서 회사(국가)라는 장의 질서는 그 장에 속하는 모든 성원이 공동으로 간여하는 것이라는 전제가 구성원들에 의해 공유되고 있다.

이것은 이미 오래전에 《여씨춘추》의 "천하는 한 사람의 천하가 아니라 천하의 천하이다"라는 '천하공天下公'의 관념 속에 배태되어 있었던 것이다. 다만 이 '천하공'은 17세기 명대 말기에 이를 때까지는 기본적으로 황제의 정치 자세로서 황제에게 요구되고 있던 덕목에 불과하고 백성의 권리로서 아래로부터 주장되던 것은 아니었다.

그러다가 17세기 초엽부터 백성의 '사'(사유 재산권)나 '욕'(생존욕·소유욕)이 주장되자 그 후 위로부터의 은혜로서의 '천하공' 관념이 백성의 '사'나 '욕'의 집적 또는 조화태調和態로서의 '공'으로 전환되기에 이르렀다.

그 대표적인 언설 두 가지를 예로 들면 다음과 같다.

세상이 처음 만들어졌을 때 사람은 각각 '자사적自私的'(이기적)이자 '자리적自利的'이었다. ……후대의 군주된 자는 ……천하 사람들에게 결코 '자사자리'를 달성하지 못하게 하면서 자신의 대사大私를 천하의 대공大公이라 칭하고 있다. …… 만약 군주만 없다면 사람들은 각자 '자사'를 얻고 '자리'를 얻을 수 있을 텐데. 아! 군주의 지위를 설치한 이념은 본디 이러한 것이었던가(황종희黃宗羲, 《명이대방록明夷待訪錄》 原君).

사람에게 '사私'가 있다는 것은 원래 '정情'의 피할 수 없는 바이다. 그래서 선왕도 이것을 금하지 않았을 뿐 아니라 도와 주기까지 했다. …… "천하의 '사'를 합해 천하의 '공'을 이룬다"는 이것이 바로 왕정王政인 까닭이다(고염무顧炎武, 《일지록日知錄》 言私其豵).

이 인용문 가운데 전자는 황제로부터의 은혜로서의 '대공大公'

은 실은 황제의 '대사大私'를 은폐한 것에 불과하고, '공'의 실질은 백성의 '자사자리自私自利'가 충족되어 있는지의 여부에 달려 있다고 말하고 있으며, 후자는 그 백성의 '사'가 집적되어 모든 '사'가 균등하게 충족되어 있는 상태를 '공'으로 간주하자는 것이다.

그러한 백성의 '사'의 집적으로서의 천하를 고염무(1613~1682)는 다음과 같이 말하고 있다.

> 황제의 성이 바뀌고 왕조의 연호가 바뀌는 것을 망국亡國이라고 하고, 인의仁義가 막혀 사람들이 서로 죽이고 잡아먹기에 이르는 것을 망천하亡天下라고 한다. ……나라를 보전하는 일은 임금이나 신하라 하는 고위자가 꾀할 일이지만, 천하를 보전하는 일은 천한 필부에게도 공동의 책임이 있다(與有責焉耳矣《일지록》 권3 정시正始).

왕조의 교체는 백성이 관여할 바가 아니다. 그러나 천하의 생존을 끝까지 유지하는 일에 이르면 필부에게도 공동의 책임이 있다는 것이다. 천하에 간여하는 이러한 공동의 책임·권리·의무가 백성에게는 있다는 사고방식이 청조 말기에 이르면 이른바 혁명파의 언설 속에서 홍수처럼 흘러넘치기 시작한다. 어떤 사람은 중국을 조정의 '사국私國'이 아니라 국민의 '공국公國'으로 보아야 한다고 말하고, 또 어떤 사람은 중국은 군주의 중국이 아니라 중국인의 중국이라고 말하고, 또 다른 사람은 중국을 군주의 사유私有·사산私産이 아니라 국민의 공유公有·공산公産으로 삼아야 한다고 주장한다.

여기서 천하는 '사'의 집적이라는 명제로부터 특정한 한 사람의 사유가 아니라 공유되어야 한다고 말하고 있는데, 그때의 '공유'·'공산'이라는 말은 사적 소유의 집적으로서의 공동 소유이자 공동 재산이다.

이러한 '사'의 집적 또는 '사'와 '사' 간의 공동 관계를 내용으로 한 '공'은 명대 말기 이후 특히 종족제宗族制가 발달하는 가운데 일반화되었다.

예컨대 동족의 구성원들 사이에서 계약을 둘러싸고 행해지는 토의를 '공의公議'라 하거나 혹은 계약 위반자가 벌금으로 지불한 금액이 입회인 등 관계자들 사이에서 공동의 용도로 쓰이는 것을 '공용公用'이라 한다. 또한 부모가 자식에게 재산을 균등하게 나누어 상속시킬 때 자손들이 공동의 지분으로 보유하는 몫은 '공산公產', '공업公業'으로 여겨지고, 또 종족 내부의 자산가들의 사적 재산私產에서 각출된 공유전共有田도 '공업公業'이라 불린다.

청나라 말기의 문장 속에서 "아시아의 동쪽은 ……백인이 공유하는 바가 되었다", "인민이 정부를 '공립公立'한다" 등의 어구를 발견하는 일도 있다.

최근에도 중국 안후이성安徽省의 어느 지방 도시에 있는 은행에서 그 지방의 복수의 은행이나 우체국 사이에 공동으로 정한 수수료·환전 수수료·이율 등의 규정이 '공약公約'이라는 이름으로 붙여져 있는 것을 본 적이 있다.

이상의 '공'은 모두 그 속에 '사'의 간여를 포함하고 있다. 그 뿐만이 아니라 그 '공'의 관계는 불특정한 '사' 상호 간에 각각의 '사'의 자유로운 의지에 바탕을 두고 결정되고 결합된 관계이거나 혹은 각각의 '사'의 자유로운 의지에 바탕을 두는 행위의 집적태集積態이거나, 또는 각각의 '사'의 자유로운 의지에 의해 결정된 공동의 목적 등이다.

필자는 중국의 이러한 '사' 상호 간의 공동의 '공'을 '유대의 공'이라 부르며 일본의 '영역의 공', 공동성과 구별해 왔다.

이러한 '유대의 공동共同'의 특색은 이것이 기본적으로 민간 사회의 사적 관계에 바탕을 둔 공동성이라는 것이다.

'공사'의 구분

이 사적인 유대의 공동이 '공'이라는 중국 특유의 '공사'는 일본인의 익숙한 영역의 공동성이라는 입장에서는 이해하기 어려운 것이기 때문에, 일본인은 그것을 '공사'의 구분이 없는 느슨한 것이라고 비판한다.

따라서 다음에서는 '공사'의 구분이라는 문제에 관해 생각해 보기로 하자. 논의의 편의상 우선 일본에서는 '공사'를 어떻게 구분하는지부터 살펴보도록 한다.

일본의 '공사'가 지니고 있는 영역적이라는 특성은 구분해야 할 일이 생기면 아주 뚜렷한 경계선을 그어 보일 수 있다.

'공' 영역과 '사' 영역과 관련해 그 구분을 엄격히 하고자 한 사람으로서 오규 소라이荻生徂徠(1666~1728)[25]가 있다.

소라이가 살았던 당시에는 로주老中(쇼군 다음 가는 직위)의 자택에 신년 인사를 하러 가는 날짜를 메쓰케目付役(무사의 위법을 감찰하던 직명)가 고지해 주고 있었다. 이것에 대해 소라이는 "로주에 대한 신년지례는 사람들을 상대하는 예의이다. ……그것을 메쓰케가 관할할 때에는 '사'의 예의를 '공법公法'으로 삼는 것"《政談》이라 하여 비판하고 있다.

소라이에 의하면 신년 인사는 사인私人의 교제로서 이루어지는 것으로 '공적인 의식公儀'이 아니다. 그것을 '공적인 의식을 관장하는 관리'인 메쓰케가 고지한다는 것은 '공사'를 혼동한 것에 지나지 않는다는 것이다.

소라이와 관련해서는 "'공사'는 각자 그 영역이 있다. 군자라 하더라도 어찌 '사'가 없겠는가"《弁明》라고 해 사적 영역의 존재를 주장했다는 사실이 잘 알려져 있다. 다하라 쓰구오田原嗣郎는 이에 대해 "소라이의 '사'의 세계는 '공'의 세계와는 일단 다른 세계이고 거기에서는 자율성이 인정되고" 있으며, "'공'을 훼손하지 않는 한 '사'가 인정되고" 있다는 점에서 "'사'의 승인은 소극적"이지만, 자율성이 인정되고 있었다는 점에서 "소라이의 '사'는 의의가 있다"고 평가하고 있다《일본의 '공·사'》, 앞에서 언급한《중국의 공과 사》).

우리의 문맥으로 바꾸어 말하면 은밀함·내밀한 일의 은미隱微한 '와타쿠시=私'가 자율적인 영역을 갖기 시작했다는 것이다.

그리고 그것에 의해 '공사'의 영역에 경계선이 그어지게 되었다.

이러한 이른바 '공사'의 구별은 일본의 대부분의 사회인이 직업 윤리관으로 몸에 갖추고 있는 것이다. 예컨대 직장의 물품은 사적인 용도로 사용하지 않는 것, 직장에 아이를 데리고 출근하지 않는 것, 공적인 관계 속에 개인적인 감정을 개입시키지 않는 것 등은 그들에게 거의 상식화되어 있다. 중국에서 직장의 기물이 종종 사적 용도로 사용되고 직장에 아이를 데리고 출근하며 공적인 관계 속에 사적인 은정恩情이 끼어드는 것이 당연시되고 있는 것 등과 비교하면, 일본인의 '공사'를 구별하는 감각은 극히 결벽적인 것이라 해도 무방하다. 그래서 중국에 진출한 일본인 사업가는 중국인의 위와 같은 상황에 접하고는 중국인의 직업 의식이나 직업적 도덕 관념이 낮다고 보지만, 뒤에서 언급하듯이 그것은 도덕 관념의 문제가 아니라 단지 '공사' 관계의 구조적 차이를 보여 주는 것에 불과하다.

앞에서도 말했듯이 문지방 밖으로 나온 세상이 일본인들에게는 '공공'의 세계이지만, 이 '공공'은 자율적인 개인 간의 상호 관계로서 형성되는 것이 아니다. 예컨대 그것은 '공'이라는 글자가 붙는 단어의 의미를 생각해 보면 알 수 있다.

공영 기업·공유 재산이라고 하면 일본에서는 관영 기업이나 관이 투자한 기업 또는 관유 재산의 의미로 쓰이지만, 중국에서는 사적 개인들의 공동 출자에 의한 회사를 공사公司라 하고, 또 본래는 사인들 간의 민간 조직인 종족宗族 내의 공유 재산도 공산公産이라 불린다.

일본의 공립·공유·공용의 '공'은 '사' 이외의 영역임을 나타내며, 뒤에서 기술하는 중국의 경우처럼 '사'를 포함하고 '사'를 공동의 고리에 연결한 '공'('유대의 공'), 예컨대 공립·공유·공용을 '사' 끼리의 공립·공유·공용으로 보는 그런 '공'의 용례는 일본에는 존재하지 않는다.

일본에도 공원·공중 전화·공중 변소 등 민간 공용의 시설을 가리키는 말이 있지만, 그것들은 대개 관이나 그에 가까운 기관의 관리하에 있으며 순수하게 민간 시설에서 '공'이라는 글자를 사용하는 예는 '공중목욕탕' 정도이지 않을까.

즉 일본에서 '공·공공'이라 하면 일부의 극소수의 예외를 제외하고는 모두 '사'가 간여할 수 없는, 혹은 '사'의 권리를 주장할 수 없는 '사' 이외의 영역을 가리킨다.

이 때문에 일본인은 '와타쿠시' 영역 이외의, 즉 집 밖의 '오오야케' 영역에서는 말하자면 표면상의 얼굴(이를 '외향ょそ行き'의 얼굴이라고 하는 것에 유의)로 교제하며 무척 친하지 않으면 좀처럼 '혼네本音'(본심)를 드러내지 않는다. 그러한 일본인이 일단 내밀한 관계자가 되어 '와타쿠시'의 세계를 숨김없이 드러내며 연회 등을 열게 되면 마치 딴사람이 된 것처럼 서로 상대방의 '와타쿠시' 영역 속으로 들어간다.

이러한 '외향'과 '내향'은 그리 멀지 않은 과거의 일본 가옥 구조에도 잘 나타나 있다. 거기서는 가족이 평소에 결코 출입하지 않는 응접실이 다른 세계처럼 만들어져 있고 가족은 거실에서 편히 쉬게 되어 있었다. 중국이나 서양의 가옥이 사실私室이나 침실 외에 응접실 겸용 거실을 만들어 놓고 있는 것과는 전혀 다른 것이었다.

중국인의 '공사' 관념

그렇다면 일본인의 입장에서 흔히 느슨하고 구분이 없는 것으로 간주되는 중국인의 '공사' 관념의 실태는 어떠한 것일까.

우선 이 느슨함이라고 하는 것이 어떠한 '공사' 관계에서 생겨날까 하는 문제인데, 이 점과 관련해서는 중국인 사회에서는 인간관계 그 자체가 공동 관계의 기본이 되어 있어 일본인 사회가 자신이 속한 장을 공동 관계의 기본으로 삼고 있는 것과는 전혀 다르다는 데 유의할 필요가 있다.

예컨대 일본에서는 적대 관계에 있는 경쟁 회사의 사원들 간에 가족끼리 서로 친밀하게 교제하는 친구 관계가 성립된다는 것은 거의 생각하기 어렵다. 하지만 그런 일이 중국에서는 결코 드문 일이 아니다. 이것은 일본에서는 친구 관계는 사적인 관계로 간주되고 일반적으로 사적 관계는 자신이 소속된 '오오야케'의 장의 이해에 종속되는 것으로 간주되고 있기 때문이다.

그러나 중국인 사회에서는 인간 관계가 장場의 이해에 의해 좌우되는 것이 사람 간 신의보다 이해를 상위에 두는 것이라 해서 오히려 비판의 대상이 될지도 모른다. 이러한 중국인 사회의 입장에서 보면 일본인의 친구 관계가 경쟁 회사와의 관계에 좌우되는 것은 이해하기 어려운 일일 것이다.

한편 일본인은 중국인이 자기 직장의 직무상의 상대가 친구일 경우 친구라는 이유로 특별한 편의를 도모해 주거나 하는 데 고개를 갸웃거린다.

불가피한 사정 때문에 직장에 아이를 데리고 출근하는 것이 허용되는 것도 결국 중국에서는 직장이 일본만큼 성지聖地로 간주되지 않고 오히려 인간의 생활 감각이나 생활 관계가 중시되고 있는 것을 나타내는 것이다.

이 밖에 중국에는 일본에 없는 전통으로서 재산 공유의 전통이 있다. 인민공사人民公社는 종족宗族의 공유 재산 제도를 전 인민적 규모로 확대한 것으로서 각자 자신의 사재를 갹출해 공유 재산으로 삼았기 때문에 자신의 지분 관리나 책임의식이 종종 애매해졌다. 지금도 향진기업鄕鎭企業 등과 같은 공동 출자 회사에서는 출자자가 동시에 회사의 관리직을 맡거나 하기 때문에 회사 물품 관리에 있어서의 공사의 구분이 일본인의 눈에는 충분히 느슨해 보일 만하다. 이러한 것 등도 중국에서는 '공사'가 장場이라는 경계에 의해 구분되지 않고 '사인私人' 간의 관계의 본연의 모습으로서 구성되고 그와 동시에 그 관계가 때로는 가변적이라는 사실에서 유래되고 있다.

이와 같은 '유대의 공동'을 축으로 하는 중국의 '공'이 청나라 말기 이후 공소公所나 공회公會 등의 상업 네트워크를 형성하고 그것이 국가의 틀을 넘어 화교 사회에 지금도 깔려 있는데, 중국인이 '국가의 백성'이라기보다는 '천하의 백성'이라는 것을 실감하게 한다.

그들이 직장이든 단체든, 혹은 국가든 자신이 속해 있는 장에 종속되지 않고 일본인의 관점에서 볼 때 그 장으로부터 훨씬 더 자유로운 것은 무엇보다도 자신이 주체적으로 형성하고 있는 자신의 인간 관계·네트워크가 자신에게 가장 중요한 것으로 간주되고 있기 때문이다.

일찍이 20세기 초의 중국에서는 앞에서 말했듯이 국민으로서의 단결심이 없다는 것을 중국인의 결함으로 간주하고 그것을 '흩어진 모래와 같은 국민[散沙之民]'이라는 말로 표현한 적이 있었는데, 이것도 '영역(국가)의 공'에 대한 충성보다 '유대(인간 관계·네트워크)의 공'(天下公)에 대한 신의信義를 중시해 온 중국 사회를 억지로 '영역의 공'(國家公)으로 밀어 넣으려는 논의였다고 평가할 수 있을 것이다.

다행히 최근에는 사회학 분야에서도 중국 사회를 연구 대상으로 삼는 사람이 나오기 시작하면서 지금까지 외부로부터의 단편적인, 게다가 대부분 험담으로 전해지고 있었던 중국 사회의 특질이 구조적으로 밝혀지게 되었다.

예컨대 사회학자 소노다 시게토園田茂人는 〈중국 사회의 '관계주의' 적 구성〉(《현대중국》 제69호, 1995년 7월)에서 필자가 여기서 말하는 '유대의 공동'을 '관계주의' 사회라고 명명하고 그 '관계'가 '체면'과 '인정'에 의해 유지되고 있다는 것, 또 그 '관계'에 '체면', 즉 "개인의 능력이나 실리·실익이 관련되고 있기" 때문에, "관계주의' 사회의 특징을 논할 때 우선 첫째로 사회의 개개의 구성원이 강한 자아의식을 갖고 있다는 점을 지적하지 않으면 안 된다"고 보고 있다.

'공'으로 간주되는 이 '관계'의 기초가 개개인의 '사'의 실리·실익에 있고 그 관계를 펼쳐 나갈 때 서로 강한 자아의식을 발휘한다는, 이 중국형의 개인과 공동의 특색에 관한 소노다의 지적은 귀중하다.

일본의 사적 소유제와
중국의 공유제

일본의 사유私有 의식

여기서는 근세 사회, 특히 일본에서는 에도 시대, 중국에서는 청대의 특질을 사적 소유제와 공유제라는 측면에서 비교해 보겠다. 덧붙여 말하면 이 문제의 배후에는 어째서 일본이 자본주의를 빨리 발달시키고 중국에서는 그것이 이루어지지 못했는가, 또 어째서 중국은 비교적 용이하게 사회주의 혁명을 실현시킬 수 있었는가 하는 문제가 가로놓여 있다.

우선 자본주의 기초의 하나인 사유재산제에 대해 살펴보면 일본에서는 에도 시대에 장자 상속제가 전국적으로 확립되어 있었기 때문에 부모의 재산이 분할되는 일이 없이 장자에서 장자로 대대로 계승되었다. 그 때문에 재산과 관련해 선조 대대로의 재산이라는 사고방식이 생겨나 사유私有 의식이 형성되는 데 한몫했다.

그것을 한층 더 고정적·안정적인 것으로 만든 것이 사농공상의 계급제도 및 그것의 세습제이다.

우선 무사계급에게는 토지가 없었다. 그들은 영주가 사는 도시에 거주하면서 세습되는 지위에 상응하는 봉록을 지급받고 직무에 종사했다. 그들은 직위와 봉록이 세습되었기 때문에 그것의 지급자인 주군에게 절대적인 충성을 다하고 가족('사')보다 직무('공무')를 중요한 것으로 보며 직책을 청렴하고 충실하게 수행하려고 신경을 썼다. 그들은 세습적인 직위를 긍지로 여기며 '가직家職'으로서 자손에게 물려주고 그에 적합한 지식이나 기능을 익히려고 애썼다.

상인을 살펴보면 그들은 부모로부터 물려받은 가업을 계속 지키며 옷 가게든 신발 가게든 그것을 몇 대나 이어가는 것을 자랑으로 여겼다. 그래서 고객과의 신용을 무엇보다 중시하고 또 가업의 발전을 위해 노력과 연구를 아끼지 않았다. 그리하여 이른바 '노렌のれん'[26]을 지키기 위해 상도덕·신용·근면·절약, 또는 영업 효율의 궁리, 이익의 축적과 재투자 등의 경영의식이 누대에 걸쳐 세습적으로 조성되었다.

농가에서도 역시 농지가 분할 상속되지 않고 장자에서 장자로 계승된 데다가 원칙적으로 토지의 매매가 금지되었기 때문에, '조상 대대로 물려받은 땅'을 지키면서 농작물의 품종 개량이나 거름 주기의 연구, 그리고 신전新田 개발·황무지 개간·관개 사업 등의 공동 작업, 또는 길쌈·양잠 등의 부업에도 힘쓰며 농업의 생산 효율을 높여 좁은 섬나라인 데다가 국토의 3분의 2가 산악이라고 하는 악조건을 일찌감치 극복했다.

직공들도 세습을 기본으로 하고 있었기 때문에 무엇보다 기술을 자랑거리로 여기며 그 솜씨를 서로 겨루고 기술을 후세에 전수했다.

그렇다면 차남, 삼남의 경우는 어떠했을까.

무사의 차남이나 삼남은 데라코야寺子屋[27]의 교사나 의사·화가·극작가, 또는 승려·유학자, 때로는 상인 집안의 데릴사위가 되거나 지식인층으로서의 계층을 형성했다. 상인의 차남이나 삼남은 장남 밑에서 봉급을 받으며 일하든, 아니면 '노렌와케のれん分け'에 의해 분점을 내고 자립하든 아무튼 상업 활동에 종사하는 것이 통례였다. 거기서 간과할 수 없는 것은 상인은 특히 경쟁 사회 속에서 경영 능력이 문제시되는 직종이기 때문에 장자가 무능하면 차남이나 삼남이 대를 잇게 하거나, 때로는 우수한 양자를 맞아들이는 등 실력 본위로 반드시 혈통에 구애받지 않았다는 것이다. 이것도 혈통보다 실력을 중시하는 자본주의 사회에 적합한 것이었다.

농민의 차남이나 삼남은 대부분 도시로 나가 직공의 우두머리 밑에서 일하거나 상가의 사용인으로 일하면서 기술이나 상술을 익혀 자립하는 것을 목표로 삼았다.

이상의 결과로 농촌에서 도시로 유입되는 인구가 적지 않았고 봉건 영주의 지역 진흥책도 힘을 보태 전국 각지에 많은 지방 도시가 생겨나 산업의 전국적인 발전의 토대가 되었다.

이와 같이 일본에서는 에도 시대에 가직家職·가업·노렌·기능·신용 등 직업 의식·사유 재산 의식·직업 윤리가 형성되어 자본주의의 준비 단계에 들어갔다.

중국의 종족제宗族制

그렇다면 중국의 상황은 어떠했을까.

중국에서는 송대에 토지의 사유화가 일반화되고 매매도 자유롭게 이루어졌다. 또 균분 상속均分相續이 일반적이었기 때문에 농지가 후대로 갈수록 세분화되고 토지 소유가 불안정했다.

과거제라서 관료는 세습이 아니고 향리로 돌아가면 농지의 소유자이기도 했기 때문에 황제에게 절대적으로 복종할 필요가 없었다. 더구나 가족을 버려 가면서까지 직무에 힘쓸 필요도 없었다.

또한 직업의 선택이 자유롭고 세습이 아니었기 때문에 형제 간에 상인·관료·농업 경영 등으로 직업이 나뉘는 일이 드물지 않았다. 게다가 한 사람이 일생에 걸쳐 상인·관료·농업 경영 등 복수의 직업에 종사하는 일조차 있었기 때문에 일본과 같은 직업 의식이나 직업 윤리가 세습적으로 형성되는 일이 없었다.

한편 균분 상속에 의한 토지의 분산화, 자산의 유동화라는 현상이 화폐 경제의 발전에 수반되어 심화되어 간 데 비해, 중국에서는 혈연 간의 상호 부조를 목적으로 한 종족제가 명대 후기 이후 강남 지방을 중심으로 형성·발전하면서 그 가운데 많은 곳에 공유전이 설치되기에 이르렀다. 공유전은 종족 내의 빈궁한 사람에 대한 생활부조나 학자금 지원에 충당되었는데, 그 속에서 과거에 합격하는 사람이 나와 그 권세에 의해 일족에게 은혜가 베풀어지는 일도 있었고 부유한 사람이 자손 대에 가난해지는 일도 종종 있었다. 그 때문에 종족은 장기적으로는 보험 기구로서도 기능했다.

이 종족의 단결을 유지하기 위해 공통의 시조에게 제사를 지내는 자손 간의 혈연적 유대(효)의 강조, 동족 내의 배행輩行(세대별 순서), 배행排行(동세대 간의 출생 순서)에 의한 장유유서의 준수 등 이른바 효제孝悌 질서를 중시했지만, 그와 동시에 동족 간의 상호 부조나 동심 협력同心協力(마음을 같이해 힘을 내어 서로 돕는 것)을 강조하며 '힘센 것을 믿고 약자를 업신여기는 것', '다수임을 믿고 소수에 횡포를 부리는 것' 등을 강력히 경계했다.

일본의 형제는 분가를 전제로 한('형제는 타인의 기원') 잠재적인 경쟁 상대로 간주되고 있는 데 반해, 중국에서는 형제 간의 경쟁은 철저하게 억제된다. 형제의 '쓰팡私房'(부부와 자식 단위) 간 싸움의 원인이 된다고 지목된 각 형제 부인의 자기 가정만을 위하는 가족애가 특히 억압되었다.

이 종족 사회에서는 동족 간의 '공'(공동 부조, 균등한 분배·분담)이 특히 중시되며 사유私有 의식이 돌출되는 것을 허용하지 않았다.

이와 관련해 중국 청말의 에피소드 두 가지를 들면, 1872년 광둥성廣東省 난하이현南海縣에 중국 최초로 민간 경영의 근대적 나사繰絲 공장이 설립되었을 때 그것이 주변의 가내 수공업을 압박해 폭동이 일어났기 때문에 1881년에 해당 현의 현지사가 그 공장에

폐쇄 명령을 내렸다. 그 이유는 어느 한 집안이 이익을 독점하는 것은 '만물일체萬物一體의 인仁'에 어긋난다는 것이었다. 이 '만물일체의 인'이라는 것은 공동 부조·공동 생존을 가장 중요한 것으로 보는 유가儒家 윤리이자 종족적인 질서 윤리와 중첩되는 것이었다. 또한 '이익을 독점하는 것'을 부정하는 것도 요컨대 '사=이기私己'를 부정하는 전통적인 공사관에서 유래하는 것이었다.

또 초대 주영 부대사였던 류시홍劉錫鴻이 1878년에 런던 타임스를 견학할 때 28만 부의 신문이 10명 정도의 인쇄공에 의해 기계로 인쇄되는데 하루 매출액이 양은전 4,300여 위안元에 이르는 것을 알고는 "인력으로 인쇄를 하여 하루에 한 명이 100부를 찍게 하면, 2,800명의 인쇄공을 취직시키고 그들에게 균등하게 1위안 반 정도의 일급日給을 나눠 줘 보다 많은 사람의 생활을 보장해 줄 수 있는데, 어째서 그렇게 하지 않는가"라고 질문했다.

이 두 가지 에피소드는 중국의 지식인, 특히 유가 관료가 상호 부조의 원리로 사회를 통합시키려 하고 있었다는 것을 보여 주는 한편, 이러한 사회 통념이 두터운 층 속에는 자본주의의 양육강식의 경쟁원리가 단기간에 뿌리내리기 어렵다는 것도 엿볼 수 있게 해준다.

결국 중국의 지식인들은 1920년대의 차이위안페이蔡元培 (1868~1940)·천두슈陳獨秀(1879~1942) 등의 공독호조단 운동工讀互助團運動이나 량수밍의 향촌건설 운동을 통해 사회주의의 상호부조 원리에 친근감을 갖게 된다. 이윽고 중국은 종족의 전통적인 상호부조 윤리를 국가적인 규모로 확대한 사회주의 국가를 수립한 뒤 국가=인민=전체의 '공'을 표방하고 사적 이익을 이기의 '사'로서 배척하는 사회주의의 '대공大公' 운동을 통해 단시일 내에 토지의 공유화와 중공업화를 실현한다. 그리고 그러한 기초 위에서 '사' 기업 활동을 '개방'해 나가고 있다.

이렇게 보면 일본의 '오오야케·와타쿠시'에서의 영역성은 '와타쿠시' 영역에 대해 억제적이며 오오야케 영역이 상위인 반면에, 중국의 '유대의 공사'에서는 '사'의 자아의식이 강하다는 등의 지금까지의 서술과 모순되는 것은 아닐까라는 지적을 받을 것이다.

일본의 에도 시대부터 쇼와 시대에 이르기까지 일본의 '와타쿠시' 영역이 '오오야케' 영역에 대해 소극적이고 은밀했다는 것과, 오오야케 영역을 침범하지 않는 한 '와타쿠시' 영역은 자율적으로 유지될 수 있었다―예컨대 후쿠자와가 말하듯이 정부의 '직분'에 간섭하지 않는 한 '와타쿠시'의 직업·여행·일상 생활 등 모든 것과 관련해 자유자재였다―는 것은 결코 모순되지 않는다.

또한 일본의 '오오야케' 영역의 우월성이 아주 쉽사리 천황제 국가를 창출해 내고 중앙집권 체제를 용이하게 만드는 동시에 '오오야케=공' 의식의 침투에 의한 국가주의를 형성하고 국가 주도의 자본주의 체제를 구축하는 가운데 국민 쪽에서는 에도 시대 이래의 가업·노렌을 한층 더 발전시켜 자본주의 발전의 기초 부분이 되었다. 요컨대 그것은 강대한 '오오야케'와 그에 종속적인

'와타쿠시'의 일종의 연계 플레이였다고 할 수 있다.

　한편 중국에서는 '사'가 '유대의 공'의 이음매이고 '영역의 공'이라는 관념도 갖고 있지 못한 점이 국가 형성을 지연시켰다. 또한 '사'를 연결하는 '공'의 기초 윤리가 균분·반이기反利己였다는 것이 자본주의적인 경쟁 원리보다 사회주의적인 공동성으로 향하게 했다. 이러한 점과, 사회주의적 사회이든 자본주의적 사회이든 중국인 사회 속에서 위세당당하게 살아가기 위해서는 보다 넓고 공고한 '유대'의 네트워크를 갖고 그 네트워크 속의 눈에 띄는 이음매로서 강한 자아를 발휘해 나가지 않으면 안 된다는 것은 모순되지 않는다고 필자는 생각한다.

개個와
공동共同

'공'과 구가이公界

우리 세대는 2차 세계대전 중의 초등학교 시절에 천황제 전체주의의 교육을 받은 것에 대한 반동으로 반反전체, 반국가적 경향과 자립·개아個我 신앙이라는 것을 가슴속에 지니고 있다.

전근대적인 공동체의 규제에서 분리되어 나온 자립한 개인의 자유로운 의지에 바탕을 둔 계약적인 사회 관계, 이것이 자립·개아個我 신앙의 내용이다.

이것에 대해 어느 학회의 심포지엄 석상에서 와타나베 히로시渡邊浩가 고대나 중세의 '공동체'나 '이에家' 속에 갇혀 있던 사람들이 근대가 되어 '자유로운 개인'으로 분리되어 나왔다는 도식이 유럽에서도 수정되어 영국은 이미 13세기에는 '개인주의' 사회였다든가 혹은 시민적 인문주의civic humanism나 공화주의republicanism가 17세기 및 18세기의 서양 사상에서는 큰 의미를 지니고 있었다든가 하는 여러 학설이 있다는 것을 소개하며 서양 모델로 사고하는 것을 그만두자고 하기 전에 애당초 그 서양 모델 자체를 재인식하지 않으면 안 된다고 제언했다(《중국—사회와 문화》10호, 1995).

이 책에서도 지금까지 서술해 오면서 두 번 정도 '자립한 개인이 운운' 하는 어구를 삽입했지만 실은 그것은 유럽에 가탁한 꿈이었다는 것이다.

'공' 과 관련해서는 하버마스J. Habermas의 '공공 영역' 의 논의가 미국에서 불붙은 이래 일본에 재상륙하고 최근에는 뒤늦게 중국 대륙에서도 논의되기에 이르렀다.

이 논의의 '아시아판' 에서는 '공공 영역' 혹은 '공공 공간' 은 권력의 자장磁場으로부터 자유로운 시민의 언론의 광장, 권력의 규제가 미치지 않는 민간 영역 등으로 이미지화되어 있는 것 같다.

일본에서는 아미노 요시히코網野善彦의《무엔·구가이·라쿠無緣·公界·樂》(平凡社, 1978) 등의 '아질asyl' 론[28]이 하버마스 이전에 그와 똑같은 문제 의식을 가진 독자층에게 '공공 공간' 의 이미지를 던져 주고 있었다.

이 '구가이' 와 관련해 가쓰마타 시즈오勝俣鎭夫가 중세에는 공정·평등의 의미로서 '공' 이라는 글자가 사용되고 있었다고 주장하면서 필자의 '영역의 공' 만으로 일관하는 관점에 수정 의견을 제출했다. 조금 길어지지만 그것을 인용하는 것을 허락해 주기 바란다.

특히 중세 후기에는 센고쿠 다이묘戰國大名[29]의 국법國法에 기반을 둔 '강제' 에 대해 그 지역의 재지 영주在地領主들이 관습법에 기반을 둔

'공리公理'를 내세우며 반론을 폈을 때의 '공', 또는 장원莊園의 다이
칸代官이 저지른 부정에 대해 농민들이 '비공사非公事(불공정)'라고 지
탄할 때의 '공' 등 공동·공정·평등 등의 의미를 가진 '공'이 널리 사용
되기에 이른다. 그리고 국가적 '공'보다 넓은 개념으로서의 '공' 개념
에 기반을 둔 비非 '오오야케' 구조를 지닌 공적 세계가 여러 가지 형태
로 형성되는데, 그것을 대표하는 것이 "공평은 구가이公界라는 것이
다"라고도 하던 '구가이'였다. (중략)

이 시대에 렌가시連歌師[30]·온묘지陰陽師[31]·유조遊女 등은 '구가이모노
公界者'라고 불렸다. 유조가 '세상을 위해 힘써 일하는 사람世間奉公の
者'으로 여겨지고 있었던 사실에서도 분명히 드러나듯이 당시 유조는
특정한 사적 집단에 속해 봉공하는 것이 아니라 '구가이公=세간世間'
에 봉사하는 사람들이기 때문에 '구가이모노'라고 불렸던 것이다. 그
리고 이러한 '오오야케' 구조에 바탕을 둔 사람과 사람의 수직형 관계
와는 다른, 사람과 사람의 공동 관계로 성립되는 세계로서의 '구가이'
라는 말은 친근한 말로서 근대에까지 계승되었다.

도야마富山현 서부에서는 교제상 물건을 주고받는 것이 '구가이'로서
'구가이'가 능숙하다고 하면 사교에 능하다는 의미였다(〈惣村と惣所─
近江國菅浦惣の形成〉, 《朝日百科 日本の歷史 別册》13, 〔家·村·領主〕, 1994).

여기서 가쓰마타가 '오오야케 구조'라 한 것은 아직 필자가 아
직 '영역의 공'이라는 말을 쓰지 않았을 무렵에 사용하던 것을 원
용한 것으로서 그 의미는 '영역의 공'과 거의 비슷하다. 따라서

'영역의 공'의 문맥에 따라 가쓰마타의 견해를 다시 말해 보면, '수장—공동'을 특질로 하는 '영역의 공' 속에도 '수장'으로부터 자유로운 민간 공동의 '공' 공간이 있고 그중 하나가 '구가이'라는 세계였다는 것이 된다.

필자는 우선 가쓰마타의 이 가르침에 사의를 표하고 싶다. 그리고 이 기회에 이 책에서 충분히 말하지 못한 것, 혹은 어느 한 측면을 강조한 나머지 무시해 버린 다른 측면 등을 보충해 두고 싶다.

'영역의 공'과 공평

전반적으로 이 책에서는 일본의 '오오야케·와타쿠시'에 대해 비판적인 글말투로 기술했다는 느낌이 든다. 그래서 이 책을 읽은 독자는 어쩌면 일본의 '오오야케=공'에는 공평이라든가 공정이라든가 하는 윤리성이나 원리성이 전혀 없는 것 같은 인상을 받게 되었을지도 모른다. 그렇다면 그것은 필자의 책임이다. 그 원인은 중국의 '공'과의 차이를 부각시키려는 의도가 너무 강했기 때문인데, 여기서 다시 그것을 보충하거나 수정하면서 그 차이를 재확인해 두고 싶다.

우선 보충해야 할 점은 이런 것이다.

일본의 '오오야케'나 '공'에 공평이라는 관념이 존재하는가 아닌가에 대해서 말하면 그 관념은 명백히 존재한다.

예컨대 '영역의 공'에서의 최고의 '오오야케 사람[公人]'인 천황은 국민의 특정한 사람이나 집단에 대해 좋고 싫음을 공언할 수 없다. 공평무사한 존재라는 것이 '공심公心의 초점'으로서 기대되고 있기 때문이다.

그것은 천황에 국한되지 않는다. 애당초 일본에서는 수장首長이라는 것은, 예컨대 다하라 쓰구오田原嗣郎가 "군사령관이라는 것은 ……괴로운 자리야. 모든 사람의 의견을 듣고 따르지 않으면 안 되니까 말이야"(《망향의 노래─이시미츠의 수기》, 中公文庫, 1979)라는 러일전쟁 때의 사령관의 말을 인용하며 설명하고 있듯이 공동체의 총의를 구현할 것으로 기대되는 존재이다.

또한 중국어로서의 '공'이 일본어화되어 가는 과정에서 공평·공정의 의미를 포함하며 일본어화된 사례가, 예컨대 "칙령에 이르기를 경들의 정情, 공평함에 있으니 모든 관리들에 앞서 솔선수범하라고 했다"(《續日本紀》 和銅 1년 9월) 등 일일이 다 들 겨를도 없을 정도이다.

물론 '영역의 공'의 대표적 사례로 삼아 버린 느낌이 드는 후쿠자와에게도 예컨대 "필경 국회를 개설하는 목적은 ……정치를 하는 동안 정실情實이 개입하지 못하게 하기 위함이며, 사람과 사람이 사적으로 담합해 '공적인 일公事'을 좌우하지 못하도록 하기 위함이며, 관권官權을 사적으로 남용해 공평함의 취지를 해치지 못하도록 하기 위함이다"(《時事小言》) 등, '공적인 일'은 '사'의 정실 없이 '공평'하게 이루어져야만 한다고 보는 의견이 당연히 있다.

그러나 필자가 말하고 싶었던 것은 일본에 그와 같은 공·공평·공정 관념이 있었다 하더라도 그것은 영역 내부에서만 기능하는 것이고, 영역 자체의 본연의 모습을, 영역의 안팎을 관통하는 보편적인 공평의 원리에 의해 심판하는 데까지는 이르지 못하고 있다는 점이다.

이와 관련해 《일본국어대사전》의 '구뵤公平'라는 항목을 펼쳐보면, "평등하고 치우치지 않는 것. 불공평이나 부정이 없는 것. 공평"이라 되어 있다. 여기서의 공평은 방금 전의 천황이나 군 사령관의 예와 같이 영역 내부에 불공평한 치우침이 없고 골고루 두루 미치고 있는 것을 말하며, 위의 후쿠자와의 예도 정부의 시책이 특정한 국민에 치우치지 않는 것을 말하는 데 지나지 않는다. 그 정부의 '직분'이 국민의 간여를 인정하지 않는, 국민의 입장에서 볼 때 불평등·불공평한 것인 영역 그 자체가 지니고 있는 불공정성을 논하는 것은 여기서는 논외의 것으로 여겨지고 있다.

요컨대 일본의 '공·공평'에는 영역 자체의 존재 양태에 대한 '공·불공'을 묻는 보편적 원리성이 없다는 것이다. 이런 측면에서 말하면 앞에서 언급한 가쓰마타의, "국가적 '공'보다 넓은 개념으로서의 '공' 개념에 기반을 둔 비非오오야케 구조를 지닌 공적 세계"라는 설명에는 의심스러운 바가 있다.

아마도 가쓰마타의 이러한 설명은 '국가의 통제로부터 자유로운 공적 세계'라는 것을 의미할 것이라고 생각되는데, 그것이 국가 영역 내부에 에어 포켓(액체 배관의 도중에 불필요한 공기가 체류

공사公私

하는 부분)과 같은 자유로운 공간이 있었다는 것이라면 충분히 납득할 수 있다. 그러나 '국가적인 "공"보다 넓은 비오오야케 구조'라는 표현이 국가라는 영역을 돌파해 예컨대 때로는 국가=정부와 원리적으로 대치하거나 국가=정부를 전복시키기까지 하는 중국형의 비밀결사집단(그들은 흔히 '평平', '균均', '공公'을 슬로건으로 내건다)을 상정한 것이라면 당장은 납득할 수 없다.

다만 필자 자신은 여기서 민간의 자유로운 '비오오야케' 공간이라는 과제를 일본의 '오오야케=공' 영역의 문제에 끌어들이고 싶은 생각이 없다는 점만은 말해 두고 싶다.

그것은 일본의 '오오야케' 구조를 보다 민주적인 것으로 만들려고 할 때 거기에 '비오오야케'적인 자유로운 공간이라는 것을 상정하려고 하지 않기 때문이다.

그렇기는 하지만 '구가이公界'의 '공동체에 의한 자유'가 아니라 '공동체로부터 자유'로운 공간인 '무엔無緣'을 논의해야 한다는 의견도 있다(히가시지마 마코토東島誠, 〈'공공성' 문제의 구도와 '무엔' 론〉, 《일본사 연구》391호, 1995 수록).

그러나 필자는 일본의 '오오야케=공'을 변혁한다는 과제에 입각하는 한 '공동체로부터의 자유'라는 사고방식에는 동조할 수 없다. 확실히 나는 '오오야케=공' 영역에 있어서의 '와타쿠시=사'의 무력함을 비판적인 눈으로 문제 삼아 왔지만, 그 참뜻은 '와타쿠시'를 어떻게 유력하게 만들고 '오오야케'를 어떻게 민주화해 나갈 것인가에 있지, '오오야케'의 바깥에서 따로 자유로운 '와타쿠시'의 공간을 추구하자는 데 있지는 않았다.

일상적인 '사'와 사회적인 '사'

애당초 그 '와타쿠시=사'인데, 일본에서는 2차 세계대전 후에 '와타쿠시=사'가 다음의 세 가지 중 한 측면에서 비약적으로 강해졌다고 생각한다.

그 세 가지 중 첫 번째는 '오오야케=공'의 수장성首長性의 본연의 모습, 즉 정치적 측면에 간여하고자 하는 정치적인 '와타쿠시=사'이고, 두 번째 것은 '오오야케=공'의 사회적 공동성에 주체적으로 참여하는 사회적인 '와타쿠시=사'이며, 세 번째 것은 내밀한 일의 일상적인 '와타쿠시=사'이다. 그중 특히 강해진 것은 세 번째의 일상적인 '와타쿠시=사'이다.

이 일상적인 '와타쿠시=사'는 앞에서 후쿠자와가 말한, 노는 것도 일하는 것도, 일어나는 것도 자는 것도, 하는 것도 하지 않는 것도 일체 자유라는 사생활의 '와타쿠시'이다. 일찍이 은밀한 내부 사람끼리의 일로 여겨지고, 기껏해야 그것을 '사소설'로 작품화함으로써 개인으로서의 자아의 심정을 토로하고 있었던 이 은사隱私(프라이버시)의 '와타쿠시'가 가장 전형적으로는 섹스의 무분별한 개방이라는 형태로 강화되었다. 놀랍게도 이 무분별하고 방종한 개방이 생각하는 갈대로서의 인간 존엄의 발로나 인간성의 자유인 것처럼 찬미되기조차 한다.

이 일상적인 '와타쿠시'의 비정상적인 강화는 비사회적 혹은 반사회적인 '와타쿠시'로서 종종 폭주한다. 법의 규제에 저촉되지 않으면 어떤 짓을 해도 자유라는 것이 그 '와타쿠시'의 특색이다. 일찍이 필자는 자신이 살고 있는 거주 지역의 사람들과 함께 건축 협정을 맺고 서로 사권私權을 제한하면서 거주 지역의 난개발을 막고 녹지를 보호한다는 취지의 지역 운동에 참가한 적이 있다. 개중에는 여기에 참가하기를 거부하는 부재지주들도 있었는데, 그중 한 사람이 앙케이트에 회답해 온 글을 보면, 자신의 토지는 하늘에서 지구 밑바닥에 이르기까지 자신의 것이며 어떻게 하든 자기 마음대로라는 것이었다. 그때 이러한 사람은 일찍이 필자가 살았던 함부르크 교외에서 지붕이나 벽의 색깔까지 모두 서로 규제하며 아름다운 거리를 만들고 있었던 그 풍경을 어떻게 볼까.

필자는 이러한 일상적인, 그리고 비·반사회적인 '와타쿠시'는 일본에서 '와타쿠시'끼리 서로 억제해야만 한다고 생각한다.

그러나 다른 한편으로 사회적인 '와타쿠시'는 좀 더 확대되어도 좋다.

니이가타新潟현의 마키마치卷町라는 곳에서 1996년에 행해진, 원자력 발전소 건설의 가부를 묻는 주민 투표는 '와타쿠시' 참가에 의한 민간 공동의 '오오야케'의 의지 실현으로 평가해도 무방하다. 주목되는 것은 NHK의 여론 조사에서 발견되는 원자력 발전소 건설에 찬성한 사람들의 이유로 전력의 안정 공급 43퍼센트,

지역의 발전 39퍼센트에 반해 국가의 방침이기 때문이라는 이유
는 7퍼센트에 불과했다.

요컨대, '와타쿠시=사'의 정치적·사회적 측면을 억제하며 그
권위를 떨치고 있었던 국가의 '오오야케=공'이 마키마치의 주민
의 의식에서는 이와 같이 작은 비중밖에 차지하지 못하고 있는 것
이다.

그들은 자신들의 지역을 자유로운 '와타쿠시=사'가 참가하는
'공동의 오오야케'로 만들어 냈다고 할 수 있지 않을까.

정치적 '와타쿠시'와 '공적인 일公事'

다음으로 마찬가지로 강화되어야 할 또 하나의 '와타쿠시'인 정
치적 '와타쿠시'의 사례로서 다시 오키나와沖繩현의 예를 들어 보
고 싶다.

앞에서 필자는 국가의 '오오야케고토'에 대해 오키나와현은 지
역의 '와타쿠시'의 고통이나 부담의 불공평성을 호소할 수밖에 없
다고 말했다. 그러나 잘 생각해 보면 그것이 오키나와현에는 오히
려 현명한 방책이기도 했다.

여기서의 '오오야케고토'는 수장으로서의 국가·정부의 공적인
일이며 오키나와현의 '와타쿠시'의 의지는 본래 고려되고 있지 않
기 때문이다. 그러나 정부는 이것을 명령으로서 강제하는 것도 꺼

리고 있었기 때문에 이 '오오야케고토'를 세간 공동의 것, 즉 국민 전체의 안전 보장을 위한 것이라는 논리로 바꾸어 설득하려고 했다. 즉 '오오야케'를 공동성의 측면에서 내세우려 한 것인데, 오키나와현이 그것을 역이용해 "전체의 이익이 되는 것을 어째서 특정한 일부 지역이, 그것도 50년간의 긴 세월에 걸쳐 계속 희생을 감수해야 하는가"라고 되받아쳐 많은 국민이 '오오야케=전체=공평'이라는 전통적인 통념에 공감하게 했다.

만일 오키나와현이 원리적으로 기지의 존재 그 자체의 옳고 그름의 문제를 제기했다면 아마 그토록 광범위하게 국민의 마음을 움직이지 못했을 것이라고 생각한다.

이것은 우리에게 정부·국가의 '오오야케'를 국민 공동의 '오오야케'로 만들어 가는 길이라는 것이 결코 단순하지는 않다는 것, 그러나 그것을 실현하기 위해서는 전통적인 통념에 입각하는 것이 유효한 방법이라는 것을 보여 주고 있다.

개個와 공동·전체라는 구도에서 말하면 우리는 전통적인 '오오야케' 영역의 소여로서의 공동성·전체성을 '와타쿠시'가 참가하는 공동·전체로 만들어 가는 방향으로 개個를 집결해 가야 할 것이다.

요컨대 여기서도 '개=와타쿠시'의 운동이 아니라 '전체=오오야케'의 운동이 바람직하다.

오키나와의 불공평함이 국민 사이에서 공감을 얻은 것은 국민이 국가라는 넓은 영역에 입각해서 그 불공평함을 이해했기 때문이다. 즉 그것은 일상적인 '와타쿠시'의 경계를 넘어 '오오야케'의 장에 서서 생각하는 것이다.

정치적인 '와타쿠시'라는 것은 결국 '오오야케' 전체를 조망하는 '와타쿠시'를 가리키는 것이며 게다가 그 '오오야케'는 앞으로는 국가의 틀까지 초월한 세계 인류의 '오오야케'여야 한다고 생각한다.

오키나와의 기지 문제를 생각한다는 것은 일본의 안전 문제를 세계 인류의 '오오야케'의 장에 서서 생각한다는 것이다.

이와 같이 정치적인 '와타쿠시'를 '오오야케 인간'이라는 측면에서 파악할 때 다시 문제 삼아도 좋은 예가 마키마치의 운동일 것이다.

마키마치의 사람들에게 이제까지의 지연적인 공동은 아마도 어떤 '와타쿠시'의 돌출된 의견도 인정하지 않고 또 뿔뿔이 흩어진 자유를 인정하지 않으며, 앞에서 후쿠자와가 든 사례에서 비판적으로 논한 관혼상제에의 참가를 소여所與로 여기는, 그런 의미에서 불참가의 자유가 없는 이웃, 즉 인보隣保의 공동체적 관계였을 것이다.

그러나 마키마치의 주민들은 거꾸로 그 소여의 이웃 관계를 운동의 네트워크로 삼아 자주 투표, 정장町長 소환, 정町의원 선거, 정장 선거, 그리고 조령條令에 기초한 주민 투표를 몇 년에 걸쳐(도후쿠 전력東北電力이 계획을 발표한 1971년을 기점으로 삼는다면 25년간!) 끈질기게 벌여 왔다.

요컨대 여기서 개個는 뿔뿔이 흩어진 자립한 '개' 로서가 아니라 소여된 전체의 일부로 움직임으로써 전체 가운데 다수자로서의 부분을 확보해 '개' 가 없는 낡은 전체를 '개' 의 총체로서의 새로운 전체로 바꾸어 나갔던 것이다. 즉 그것은 '개' 의 운동이 아니라 '전체' 의 운동이며, '전체' 의 운동으로서 그 속의 '개' 를 활성화 시키고 그 활성화에 따라 '전체' 적으로 '개' 가 숨 쉬게 한 '전체' 의 혁신이었다.

그러나 이러한 일본형의 '개' 와 전체는 중국에는 타당하지 않을 것이다.

중국을 둘러싸고 진행되고 있는 '공동 영역' 에 관한 논의는 국가로부터 준별된 민간 사회인가, 아니면 국가와 민간 사회가 서로 섞이는 애매한fuzzy 중간 영역인가, 혹은 국가에 대한 비판이 가능한 자립적인 언론 공간인가 하는 문제의 시각에서 이루어지고 있지만(岸本美緒, 〈비교국제사 연구와 중국 사회상〉, 《인민의 역사학》 116호, 1993), 아마도 기시모토 미오岸本美緒도 지적하고 있듯이 이러한 시각에서는 중국에 있어서의 '공' 의 민주화라는 길은 보이지 않을 것이다.

아마도 중국에서는 네트워크 기능의 실태 파악과 그것의 근대화라는 과제를 빼놓으면 '공' 의 민주화는 없을 것이다.

일찍이 필자는 중국의 '유대의 공' 에 대해 다음과 같이 쓴 적이 있다.

'**유대의 공동**'에도 분명히 문제가 있으며, 그들에 있어서는 그 폐쇄성, 배타성, 국지성, 또 권력 의존의 상하성을 타파하는 일, 한마디로 말하면 ……**유대**의 분담자인 '사람들'의 자립적인 주체 또는 관계성을 어떻게 **민주화**할 것인가라는 문제가 지금은 과제가 된다고 생각한다(《중국의 공과 사》 86쪽).

지금도 기본적으로 이 생각에 변함이 없다.

다만 중국의 경우 전체를 국가라든가 사회라든가 하는 장場의 이미지로 파악할 것이 아니라 유대의 확산으로 이미지화해야 하며, 마찬가지로 '개'도 관계의 이음매로서 관계 속에서 파악되는 것이 가장 실태에 가까운 이미지라고 할 수 있다는 생각이 지금은 좀 더 강해졌다고 말해 두고 싶다.

옮긴이의 글

이 책은 일본의 산세이도三省堂에서 《한 단어 사전—語の辭典》 시리즈의 일환으로 출간된 미조구치 유조溝口雄三 《公私》(1996)를 완역한 것이다.

우리가 무의식적으로 사용하는 단어들은 시대의 변화와 함께 그 의미도 변화되어 왔다. 더욱이 외래어인 경우, 고유어와 접촉하는 가운데 그 의미가 변화되거나 어느 사이엔가 본국어가 되어 원어 본래의 의미와는 다르게 사용되는 등의 사례도 드물지 않다. 예를 들어 예전 우리 어머니들이 사용했던 '미싱'은 원래 기계 일반을 나타내는 'machine'의 번역어였다.

이 책에서는 '공사公私'라는 중국어가 그와 유사한 기능을 지닌 일본의 고유어와 접촉하면서 발생한 의미의 변화 및 간극이라는 문제를 다루고 있다. 그 변화 및 간극을 규명하고자 하는 배경에는 제국주의와 침략으로 나아간 근대 일본에 대한 일본인의 자기 비판이라는 동기가 있다. 왜 근대 일본인들은 파렴치한 제국주의적 강탈도, 잔인한 학살도, 부조리한 침략전쟁이나 집단자결도 주저하지 않았을까? 천황과 국가를 위해서라면 이 모든 것이 정당화된다고 생각했을까? 소년기에 군국주의 시절을 체험한 저자가 밝혀낸 해명의 실마리가 바로 이 책에서 지적하는 '공사' 관념의 간극이라는 문제이다.

저자는 우선 '공사'가 일본에서 동일한 한자로 통용되어 동일한 의미처럼 오해되기 쉽지만, 실제로는 중국어 '公私'와 일본어 '오오야케·와타쿠시'가 완전히 동일한 의미의 단어가 아니라는 점에 주의를 촉구한다. 그 오해는 외래어인 '公私'를 고유어인 '오오야케·와타쿠시'에 꿰맞추면서 발생했다는 것이다. 이를 입증하기 위해 고대의 역사서 및 문학 작품 등에 보이는 용례를 근거로 각각의 어원 및 개념적 특징 등을 추출·분석하고, 그 꿰맞춤(번역)이 일본 사회의 '공사' 관념에 어떠한 문제를 초래했는지에 대해 고대부터 근대에 이르는 사례를 통해 논증을 전개한다. 그 방식으로 저자는 일본의 용례를 중국의 용례와 비교하면서 그 문제성을 선명히 부각시켰다.

특히 핵심으로 지적하는 것은 '公私'에서 '오오야케·와타쿠시'로의 번역을 거치면서 초래된 문제이다. 중국의 '公'에는 공동체의 대표성이라는 의미와 함께 '천天'의 초월성을 기반으로 최고권력자를 견제하거나 비판하는 상대화 가능성과 '평분'이나 반反이기주의, 공평과 같은 도덕적 규범성이 원리적으로 내포되어 있다. 이를 저자는 '원리적 공'이라 부른다. 그에 반해 일본의 '오오야케·와타쿠시'는 천황을 정점으로 그때그때의 상위자나 상위 영역이 하위자나 하위 영역을 포섭하는 구조를 띠고 있어, 천황과 일본이라는 틀을 뛰어넘어 이를 상대화할 수 있는 존재나 원리가 존재할 수 없다. 이를 중국의 '공'과 대비해 '영역적 공'이라 부르고, 그 바탕에는 최상위 영역인 천황과 국가가 모든 권위를 독점하고 그에 대한 견제와 비판을 허용하지 않는 사회의식 및 정치의식이 있다고 본다. 이 책은 이와 같이 차이가 은폐된 채 '公私'에서 '오오야케·와타쿠시'로 번역되어 의식화된 현상 그 자체에 대해 최고권력자나 국가를 상대화할 수 있는 중국의 '원리적 공'이 일본 사회에 정착하기 어려웠다는 사실과 연관시켜 분석하고 있다.

저자는 이러한 중국의 '원리적 공'의 부재라는 측면에서 자신이 체험한 근대 일본의 처참한 현실에 대해 비판하고 있다. 저자에 따르면, 천황을 인간의 모습을 한 신[現人神]으로 내세워 그에 대한 어떠한 논의도 차단하고 그를 정점으로 한 국가에 멸사봉공滅私奉公할 것만을 강요한 근대 일본의 비극은 무엇보다 일본의 '오오야케'의 몰원리적인 특성에 유래한다. 천황에 대한 어떠한 반대나 소극적 참가도 '대역大逆'이나 '불경不敬' 비국민非國民 등으로 처벌되거나 비난받는 현실에서는 천황이 국가의 생존 및 번영을 위한 국가 최고기구라는 '천황기관설天皇機關說'과 같은, 헌법학적 논의조차 짓밟히는 것은 어쩌면 당연한 것이었다. 국제관계에서도 모든 가치를 국가로만 수렴시키는 정치의식은 국가를 넘어 더 큰 틀에서 국가 간의 경쟁을 조정하는 기능이나 원리 또는 조정자를 갖지 못할 뿐만 아니라, 전쟁 중 민간인에 대한 살상 금지나 전쟁포로에 대한 대우 등을 규정한 국제법적 규범조차 무시했다. 오로지 국민은 국가라고 하는 '오오야케'에 충성을 다하는 것, 즉 국가의 자기주장의 실현을 위해 진력하는 것 이외에는 선택지를 갖지 못하기 때문에, 설령 그것이 파렴치하고 부조리한 국가행위였다고 할지라도 그 옳고 그름을 가리는 논리가 '영역적 공'인 '오오야케'의 구조 안에서는 도출될 수 없었다고 역설하는 것이다.

한편 전근대 동아시아에서 적극적으로 인정받은 경우가 드문 '사私'의 역사적 현실에 대해서도 종래와는 다른 해석을 전개한다. 상위자나 상위 영역에 속하는 '오오야케'에 종속적인 위치밖에 부여받지 못하는 일본의 '와타쿠시私'에 반해, 특히 명대 후기 이후 중국에서의 종족제 및 공유제의 발전이 중국의 '私'의 집적, 즉 민간 사회의 사적 관계라는 유대에 바탕을 둔 공동성을 '유대의 공'으로 인식하는 중국의 '공사' 관의 결과로서 제기하는 점은 흥미롭다.

이를 근거로 저자는 일본과 중국의 근대화의 차이에 대해서도 참신한 해석을 시도하고 있다. 일본의 경우 '오오야케' 영역의 우월성이 천황제 국가를 간단히 창출하고 중앙집권 체제를 용이하게 만들었다. 그리고 '오오야케' 정치의식의 침투에 의한 국가주의 형성과 국가 주도의 자본주의 체제가 구축되는 가운데, 국민들은 에도 시대 이래 사적 소유제의 전통에 근거한 가업을 한층 발전시켜 자본주의 발전의 기초를 이루었다고 본다. 이에 반해 중국에서는 '私'의 결집을 통한 '유대의 공' 형성이라는 의식이 지방 단위를 중심으로 한 결집을 낳았으며, '천하의 공' 관념이 가세해 국가 중심의 결집을 지연시키거나 분산시켰으나, '사'의 집적인 '공'의 규범성이 '평분'이나 반反이기주의, 공평이었다는 점이 자본주의적인 경쟁원리보다도 사회주의적인 공동성으로 향하게 했다고 해석한다. 이와 같이 양국의 '공사' 관념의 비교적 특징과 각각의 특성에 대한 분석을 통해 동아시아에서의 근대를 둘러싼 종래의 우열론적 통설과는 다른 지평을 보여주고 있다는 데에도 이 책의 미덕이 있다.

나아가 이 책은 전후 일본 사회가 걸어온 서구중심주의에 대한 비판과 대안에 대한 모색이기도 하다.

일본의 '오오야케=공'을 변혁한다는 과제에 입각하는 한, '공동체로부터의 자유'라는 사고방식에는 동조할 수 없다. 분명히 필자는 '오오야케=공' 영역에서의 '와타쿠시=사'의 무력함을 비판적인 눈으로 보아왔지만, 그렇다고 해도 필자의 참뜻은 '와타쿠시'를 어떻게 유력화하고 '오오야케'를 어떻게 민주화해 나갈 것인가에 있으며, '오오야케' 바깥에 따로 자유로운 '와타쿠시'의 공간을 추구하자는 데 있었던 것은 아니다.

패전 이전의 천황제 전체주의에 대한 반작용으로서 전후 일본

사회에 일반화한 반反전체, 탈국가적 경향 및 개인주의 신앙에 대해 비판하면서 공동체로부터의 이탈이나 해체가 아니라 공동체 안에서 '와타쿠시'를 키우고 그 유대를 통해 공동체를 민주화해간다는 방향 시사에도 그러한 문제의식이 잘 드러난다.

특히 이 점은 서구중심주의와는 달리 저자가 오랜 기간의 중국 체험 및 연구를 통해 축적해 온 '방법으로서의 중국'이라는 시각과 맞물려 있다. 다케우치 요시미竹內好가 주로 1950~60년대에 활동하면서 자국의 '위로부터'의 강제적 근대화 비판과 함께 중국의 '아래로부터'의 저항을 통한 내발적 근대화를 축으로 동아시아에서의 근대화에 대해 서구중심주의와는 다른 중국 자신의 시각, 즉 '방법으로서의 아시아'를 역설했는데, 저자의 방법론은 다케우치 요시미의 발전적 계승이라 할 만하다.

그는 양명학 좌파로 분류되는 이탁오李卓吾 연구로부터 시작해 양명학파 및 동림파東林派, 황종희, 고염무 등을 포함한 명말청초의 사상 연구, 명청대의 사회사 연구를 거쳐 신해혁명 전후의 사상 및 역사에 이르는 300여 년에 걸친 중국의 사회와 사상문화에 대한 연구에 평생을 바쳤다. 그 특징은 첫째, 서구중심주의적 시각을 전제로 서구적 근대화에 친화적인 요소의 맹아나 부재를 논하던 기존 연구와는 달리, 사상 및 사료 자체를 근거로 역사상을 내재적으로 재구성해 그것을 서구 근대와는 다른 중국의 독자적 근대화의 흐름으로 설명하는 과감하고도 치밀한 수법이다. 둘째, 이를 위해 텍스트를 텍스트 해석의 역사만이 아니라 더 넓은 동시대의 사회, 정치, 경제 등의 역사적 맥락(콘텍스트)과 연관시켜 의미를 추출하는 연구시각이다. 그의 연구관심은 철학이나 문학에 한정되지 않고 사회, 정치, 법, 종교 등의 역사를 넘나드는 이른바 학제 간 연구를 촉진했다. 셋째, 학문적 연구의 바탕에 깔려 있는 실천적, 주체적 의식에 대한 강한 의욕이다. 좌우를 떠나 서구중심주의가 압도적으로 학문과 생활을 규정하던 패전 이후의 시대풍조에서 볼 때, 그의 중국 연구 지향 자체가 그의 실천성 및 주체성에 대한 관심과 연관되어 있었다. 2007년 도쿄대학 캠퍼스에서 제자들과 함께 한 인터뷰에는 자신의 인생에 커다란 영향을 미친 한 장의 사진에 대한 기억이 실려 있다. 패전 직후 중국 파견군이던 외삼촌이 귀환해 보여준 한 장의 사진, 즉 눈은 가려지고 손은 뒤로 묶인 채 고개를 누그러뜨린 중국인 농민을 한 일본인 병사가 일본도로 내려치려고 하는 순간을 포착한, 우리에게도 낯익은 사진 한 장에서 느낀 전율과 죄책감이 '인생의 원점' 이었다고 회고한다.

저자는 1932년 일본 나고야名古屋에서 태어나 도쿄대학 입학 후 '중국연구회' 라는 동아리에서 활동하며 예정되었던 법학부 코스(법학 및 정치학 전공)에서 중국문학과로 진로를 바꾼다. 졸업 후에는 루쉰연구회에서 활동하다가 귀향해 10여 년 간 금속 가공 전문의 가업을 궤도에 올려놓고 난 후 나고야대학 대학원에 입학해 본격적으로 중국 연구를 전개했다. 그곳에서 그는 명대 양명학 좌파로 분류되는 이탁오 연구를 시작하면서 동시에 문화대혁명기 중국과의 교류를 목적으로 한 일중日中우호협회 나고야시 사무국장을 맡기도 했다. 1981년 도쿄대학 중국철학과에 교수로 부임해 1993년에 정년퇴임했다. 그 사이 학과의 벽을 깨고 문학과 및 철학과뿐만 아니라 법학부 및 경제학부 등의 교수들을 취합해 중국 연구의 학제 간 연구를 위한 도쿄대학 중국관계 교수회의라는 조직을 만들어 도쿄대학 중국학회로 발전시킨 후 대학의 틀을 넘어 중국사회문화학회를 창설하고 학회지《中國─社會と文化》를 발행하는 등의 활동을 주도했다. 또한 1990년대 전반 출간된《아시아로부터 생각한다》7권 시리즈 발간에도 관여했으며, 정년퇴임 후 1990년대 후반부터 시작된 중국과 일본의 '지知의 공동체' 네트워크 활동도 주도했다. 연구자로서 늦은 출발이었으나 그만의 열정과 뚝심으로 많은 연구 성과도 내놓았다. 지금까지 우리나라에 번역된 저서만도《중국 전근대사상의 굴절과 전개》,《중국의 공과 사》,《개념과 시대로 읽는 중국사상 명강의》,《중국의 충격》,《중국사상문화사전》(공저),《중국제국을 움직인 네 가지 힘》(공저) 등 여섯 종에 이른다. 이와 같이 저자가 중국학 및 동아시아학 분야에 남긴 공헌은 일본만이 아니라 동아시아의 큰 자산이다.

물론 이 책의 분석이나 저자의 시각에 대해 문제를 제기할 독자가 없지는 않을 것이다. 특히 일반화에 따른 초역사성이라는 문제는 옮긴이도 바로 수긍할 수 없다. 그러나 이 점은 인정하지 않을 수 없다. 저자의 '공사' 개념에 대한 비교 분석은 중국과 일본, 나아가 동아시아에서의 근대화를 둘러싼 종래의 우열론적 통설, 그리고 아시아에서의 전통과 현대라는 문제에 대한 내재적인 탐구와 모색에 중요한 영감을 던지고 있다는 것이다.

저자와는 직접적인 관계를 맺은 바 없지만, 언젠가 공식적인 자리에서 몇 번 뵌 적이 있다. 고령에도 불구하고 따뜻한 인품과 뜨거운 학문적 열정을 느끼게 하는 학자이셨다. 이 자리를 빌어 2010년 여름에 타계하신 저자 미조구치 유조 선생님의 명복을 빈다. 그리고 한림대학교 한림과학원 인문한국사업단 관계자 선생님들, 푸른역사 편집부에도 감사의 말씀을 드린다.

2013년 3월

고희탁 삼가 씀

주석

¹ 신라의 이두 문자와 같이 고대 일본어를 표기하기 위해, 1,200여 개의 한자 음과 훈을 차용한 음절 문자. 일본에서 가장 오래된 노래집으로 7세기 후반에서 8세기 후반에 걸쳐 편찬된 《만엽집萬葉集》의 표기가 대표적이기 때문에 '만요가나萬葉假名'라는 이름이 붙여졌다.

² 한자의 음과 뜻을 빌려 우리말을 적은 표기법인 이두와 비슷하다.

³ 덴무天武 천황 시대(673~686)에 처음으로 편찬이 기획되어 712년에 완성된, 고대 일본의 신화·전설 및 사적을 기술한 책. 편찬 사정을 밝힌 서문에 의하면, 덴무 천황이 히에다노 아레稗田阿禮에게 자료가 될 《제기帝記》와 《구사舊辭》를 읽고 배우게 했으나 완성하지 못했고, 30여 년 뒤에 오노 야스마로太安麻呂가 이를 집필해 712년에 헌상했다고 한다. 천황가天皇家의 연대기와 계보를 기록한 《제기》와 신화·전설 등을 기록한 《구사》에 있는 내용을 중심으로 편찬되어 있다. 천황을 중심으로 한 국가 체제를 다지고 정당화하기 위해 편찬한 것으로 보이는 이 책은 모두 3권으로 되어 있는데, 상권은 신들의 이야기, 중·하권은 초대 진무神武 천황에서부터 동아시아 최초의 여성 군주인 스이코推古 천황(재위 593~628)에 이르는 계보와 천황·황태자들을 중심으로 한 이야기이다. 한문과 일본어를 혼용하고 있으며, 한자의 음과 훈을 따서 일본의 고어를 적은 문장은 매우 난해하다. 기록되어 있는 내용이나 문자는 어문학·역사학뿐만 아니라 신화학·고고학·민속학·문화인류학 등 여러 분야에서 연구되고 있다. 《고

사기》는 특히 일본 고대사와 고대 문학 연구, 고대 한일 관계의 연구에 매우 귀중한 자료로 쓰이는 문헌이다. 일본에서 전해지는 역사책 중 가장 오래된 것으로 720년에 편찬된 《일본서기》와 함께 중요한 고전으로 여겨지고 있다. 그러나 원본은 존재하지 않으며, 그 사본도 천황 세력과 무가 세력의 항쟁의 와중에 황실이 남과 북으로 갈라진 남북조시대(1336~1392)에 작성되었다는 사정으로 인해 위서설이 끊이지 않는다.

4 나라奈良 시대(710~794)에 관찬官撰으로 편찬된 30권의 역사서로 현존하는 최고最古의 일본 정사正史. 이 밖에 계도系圖 1권이 있었다고 하나 전하지 않는다. 덴무天武 천황의 명으로 도네리舍人 친왕이 중심이 되어 680년경에 착수, 720년에 완성된 것으로 추정된다. 그 성립 사정은 797년에 완성된 《속일본기續日本紀》에 기록되어 있다. 일본 육국사六國史 중 첫째로 꼽히는 사서로서 신대神代부터 본서의 편찬을 명한 덴무 천황의 조카딸이자 아내인 지토持統 천황 때(690~697)까지의 황실 이야기를 중심으로 순한문의 편년체編年體로 편찬되었다. 편찬 자료로는 《제기》, 《구사》, 제가諸家의 전승 기록, 정부의 공식 기록, 개인의 수기手記, 사원寺院의 내력 등을 기초로 하고, 특히 《백제기百濟記》, 《백제본기百濟本記》, 《백제신찬百濟新撰》 등 한국의 사료와 《위서魏書》, 《진서晉書》 등 중국의 사서를 병용하고 있어서 일본에서 비교적 객관적으로 저술한 사서라고 자부하고 있기도 하다. 그러나 천황가의 조상신인 아마테라스 오오카미天照大神, 천손강림天孫降臨 등의 신화와 더불어 진구神功 황후가 신라를 정복했다는 기사나 진구 황후의 기년紀年에 있어서 《삼국사기》에 대응하는 기술과 비교해 약 120년의 차이가 나는 사실 등, 사서로서의 진가를 둘러싼 회의론도 만만치 않다.

5 일본에서 가장 오래된 노래집 《만요슈》에서 현대에 이르기까지 주로 와카和歌에서 특정한 어떤 말 앞에 붙여 어조語調를 고르게 하거나 어떤 취향의 정서를 덧붙여 표현하는 데 쓰이는 수식어를 가리킨다. 전형적인 예를 하나 들면 '아시히키노あしひきの'라는 문구가 있으면 반드시 그 뒤에 '야마山'라는 단어가

한 단어
사전

뒤따르는 형태를 취한다.

6 《속일본기》에 따르면 713년에 칙명으로 각 지방의 지명 및 유래, 토지의 비옥도 및 산물, 가미神와 천황과 관련된 설화 및 신화 등을 조사해 보고할 것이 요청되었다. 이에 응해 나라奈良 시대(710~794) 초기에 편찬된 하리마 지방(현재의 효고현兵庫縣 남서부 지방)의 지방 보고서. 한반도 관계 기사로서는 《고사기》, 《일본서기》에서 한반도로부터 건너온 신라의 왕자라 일컬어지는 '아메노히보코天日鉾命'가 여기서는 '가미'로 등장한다는 점이 특징적이다.

7 원명은 《화명류취초和名類聚抄》. 중국에서 가장 오래된 사전인 《이아爾雅》를 모델로 삼아 헤이안平安 시대(794~1192) 중기에 만든 사전이다. 우선 명사를 중국어로 취합하고 그 의미에 따라 분류한 뒤 항목을 만들고 일본어에 대응하는 각 명사의 뜻을 만요 가나로 기록했으며, 한적漢籍의 출전을 인용하면서 설명하는 구성 방식을 택하고 있다. 오늘날의 일본어사전, 한화漢和사전, 백과사전의 요소를 함께 담고 있다는 점이 특징적이다. 당시부터 중국어의 일본어 원뜻을 알기 위한 자료로서 높이 평가되었으며, 에도江戸 시대(1603~1868)에 국학國學이 발생한 이후에는 헤이안 시대의 어휘 및 어음語音을 알기 위한 자료로, 또한 사회, 풍속, 제도 등을 알 수 있는 사료로 중요시해 온 책이다.

8 고대 일본의 중앙 정권인 야마토 정권에 복속한 중앙의 유력 호족에게 천황으로부터 하사된 성姓 가운데 하나로 가신 중에서는 무라지連와 더불어 최고위급에 해당한다. 야마토 정권의 핵심을 이룬 소가씨蘇我氏, 가쓰라기씨葛城氏, 아베씨阿部氏 등이 이 성을 받았다. 이 오미라는 성을 칭한 씨족 가운데 가장 유력한 자는 오미大臣라고 불리며 주로 국정을 담당하는 역할을 수행했다.

9 일찍부터 야마토 정권에 속해 있던 유력 씨족에게 하사된 성으로 주로 특수한 관직 및 직업을 통괄하는 입장에 있었다. 이 성을 칭한 유력 씨족에는 모노노베씨物部氏, 오토모씨大伴氏 등이 있다. 중앙의 유력 호족이 중심인 오미에 반해 무라지라는 성을 칭한 씨족은 조정의 관직과 직결되어 있었는데, 모노노베씨나 오토모씨도 오래전부터 야마토 정권의 군사를 담당한 씨족이었다고 알려져

있다. 무라지를 칭한 씨족 가운데 가장 유력한 자는 오오무라지大連라고 불리
며 앞에서 설명한 오오미와 더불어 국정을 담당했다.

10 현재 오사카大阪 동부의 가와치河內에 존재했던 씨족. 원래는 병기 제조 및 관
리를 주로 담당했는데 점차로 오토모씨와 어깨를 나란히 하며 유력 군사 귀족
으로 성장해갔다. 5세기경의 황위 계승을 둘러싼 다툼에서는 군사적 활약을 보
여 최고 집정관을 배출하기도 했다.

11 현재의 오사카 남동부에 본거지를 두고 6세기경부터 7세기 전반에 걸쳐 세력
을 떨쳤던 토착 유력 호족. 혹은 그 지역에 정주한 백제계 도래인으로 보기도
하고 역대 천황으로부터 갈라진 씨족이라고 하기도 한다. 도래계에 의해 전해
진 선진 기술이 소가씨의 대두에 일조했다고 보는 시각이 일반적이라는 점에
서 도래계 씨족과 깊은 관계를 갖고 있었다는 점은 확실하다. 불교가 일본에 전
해질 당시에도 가장 먼저 불교를 받아들인 세력은 소가씨였다. 그 배경에는 조
정의 제사를 담당하고 있던 무라지성連姓의 모노노베씨, 나카토미씨中臣氏 등
을 견제할 목적도 있었다고 알려져 있다.

12 일본의 대부분의 가정에는 가미神를 모시는 가미다나神棚와 부처를 모시는 불
단佛壇이 배치되어 있는데, 그 앞에서 집안의 안녕과 행복을 빌거나 감사를 드
리거나 한다. 지금도 지방에 따라서는 주로 정월에 정기적으로 가미다나 앞에
서 야카쓰카미노마쓰리를 행하기도 하고, 어떤 전환기라든지 나쁜 일이 계속
될 경우에도 임시적으로 이 마쓰리가 행해지기도 한다.

13 중국의 정사《삼국지三國志》속의《위서魏書》(전 30권)에 기록되어 있는 〈동이
전東夷傳〉 '왜인조倭人條'의 약칭이다. 에도 시대부터 이 약칭이 사용되어 현
재는 일반적인 통칭이 되었다.

14 일본 북부에 존재했던 부족. 북쪽 오랑캐라는 멸칭이다.

15 부분적으로 잃어버린 옛 문서의 현존하는 부분. 단간斷簡이라고도 한다.

16 1333년에 가마쿠라鎌倉 막부가 멸망된 후, 고다이고後醍醐 천황이 직접 통치
를 꾀한 겐무建武 정권으로부터 이탈한 아시카가 다카우지足利尊氏에 의해 개

창된 무가 정권이다. '무로마치 막부'라는 명칭은 제3대 쇼군인 아시카가 요시미쓰足利義滿가 조영한 쇼군의 공저公邸가 교토의 무로마치 부근에 있었던 데서 유래한다. 1573년에 제15대 쇼군인 아시카가 요시아키足利義昭가 오다 노부나가織田信長에 의해 교토에서 추방되고 아시카가 쇼군 가문의 영지를 노부나가에게 빼앗김으로써 사실상 붕괴되었다. 그 사이의 약 240여 년간을 무로마치 시대라고 부른다. 또한 막부의 개창으로부터 황실이 남북으로 갈라졌던 1392년까지를 난부쿠죠南北朝 시대, 1467년의 오닌應仁의 난 이후를 센고쿠戰國 시대라고도 한다.

[17] 헤이안平安 시대(794~1192) 중기에 무라사키 시키부紫式部에 의해 집필된 54권의 장편 서사 문학 작품. 조정이 있던 교토를 무대로 펼쳐지는 사랑과 인생 이야기. 작품의 원래 제목은 명확히 알려져 있지 않으며 주인공인 히카루 겐지光源氏의 이름을 따서 그대로 작품의 제목으로 삼았다. 일본이 자랑하는 세계에서 가장 오래된 장편 소설로서 2008년에 《겐지 모노가타리源氏物語》 성립 1,000년을 기념하기 위한 조직이 결성되어 한 해에 걸쳐 각종 기념 행사가 개최되었다.

[18] 일본의 전통 예능인 노能의 대사를 가리킨다. 노에서는 모든 대사가 노래로 불린다. 그 때문에 일본의 뮤지컬이나 오페라로 불리기도 한다.

[19] 작자와 성립 시기는 아직 밝혀지지 않았으나 《겐지 모노가타리》에 언급되는 것으로 미루어 볼 때 헤이안 시대 초기에 성립한 서사 문학으로 추정되고 있다. 총 125단段으로 구성되어 있으며, 제목은 이세伊勢(현재의 미에현伊勢縣) 지방을 무대로 한 에피소드에서 유래한다는 설이 유력하다. 어느 남성의 성인식 이후 죽음에 이르는 동안까지의 연애를 중심으로 부자 관계, 주종 관계, 우정 및 사교 등의 내용을 문장과 노래로 표현하고 있어서 성립 당초부터 고전 교양의 중심 교재로 활용되었다. 특히 연애에 뛰어난 능력을 가진 남성의 이상형을 기록한 것으로서 《겐지 모노가타리》를 비롯한 후대의 서사 문학이나 와카和歌에 큰 영향을 미쳤다고 한다.

20 헤이안 시대 말기에 집필된 전 4권의 서사 문학. 주제는 사가嵯峨 천황 (809~823) 동생의 외아들인 사고로모狭衣의 사랑과 인생 이야기. 주제나 구성 면에서 《겐지 모노가타리》의 영향이 보이지만 주인공의 우유부단함 및 이야기 전체를 뒤덮고 있는 우울한 분위기는 그것과 대조적이다. 숙명관 및 환상적 묘사가 특징적이다.

21 에도 시대에 농촌 및 도시에서 영주와 일반 농민 사이에서 마을 단위의 세금 납부나 노역제공 등의 행정적 업무를 총괄하는 등의 중간자 역할을 수행하며 영주에 있어서는 대행 기관의 역할을, 농민에 있어서는 마을의 대표자 역할이 기대된 '반관반민'적 성격을 띤 정치적 중간층을 가리킨다. 영주에 의해 지명되거나 대물림되거나 혹은 농민들에 의해 선출되는 방식으로 유력 농민 중에서 충원되었다. 일본의 서부 지방에서는 이 계층을 쇼야庄屋, 동부 지방에서는 나누시名主라고 부르는 경우가 많았다. 이들 외에 그 보좌 및 감사 역할을 수행하는 이들을 합쳐 지카타산야쿠地方三役라고 부르는데, 그중에서 쇼야·나누시는 촌락 행정의 전반을 대표하는 성격의 존재였다. 에도 시대 후기로 가면 갈수록 재정적 어려움에 봉착한 영주층의 수탈 및 횡포가 거세지는 현상이 일반화되는데, 이들은 그에 맞서 농민들과 단결해 세금 감면을 요구하기도 하고 영주의 횡포에 대항하기도 하는 운동을 전개하기도 했다.

22 지카타산야쿠의 하나로 특히 연공年貢 및 비용의 분담을 결정하는 회의에 참가해 그 공평성을 감독하는 역할을 맡았다. 전답을 소유해 연공의 납부 의무를 진 농민 가운데서 자체적으로 유력 농민이 선발되었다.

23 에도 시대에 영주의 명령에 의해 조직된 행정 말단 조직. 무사들 사이에서도 군사적 목적의 고닌구미가 만들어지기도 했지만, 농민 및 도시민의 고닌구미가 일반적이다. 제도적으로는 고대 율령제하에서의 고호세이五保制가 그 기원이지만 1597년에 도요토미 히데요시가 치안 유지를 위해 하급 무사에게 고닌구미, 서민들에게는 주닌구미十人組를 조직하게 함으로써 실질화하기 시작했다. 에도 시대에 들어와 기독교 금지 및 떠돌이 무사인 료닌浪人 단속을 위

해 히데요시의 제도를 계승해 일반적인 통치 말단 조직으로서 운용했다. 농촌에서 전답을 소유한 농민 및 도시에서 가옥을 소유한 도시민을 이웃한 다섯 호戶끼리 묶어 하나의 구미組로 편성해 각 구미에 구미가시라組頭라는 대표자를 두고 그 위의 나누시·쇼야 통솔하의 단위로 조직했다. 이것은 연대 책임, 상호 감시, 상호 부조의 단위로서 영주는 이 조직을 이용해 치안 유지, 각 마을의 분쟁 조정, 연공의 확보, 법령의 전달 및 통지 등의 문제를 해결했다. 각 마을 단위로 준수해야 할 법령과 호적, 마을 대표자 4인이 원형으로 적힌 고닌구미장五人組帳이라는 장부가 작성되었다. 이 제도로 인해 간접적으로 나누시·쇼야 등의 마을 대표자에게 권위가 부여되었으며, 주민의 생활을 제약함과 동시에 각 마을의 자치도 강화되었다. 메이지유신 이후 근대적 자치법의 정비와 더불어 고닌구미는 제도적으로 소멸되었지만 2차 세계대전 중에 만들어진 도나리구미隣組에 그 성격이 계승되기도 했다.

24 일본의 촌락에서 공동 약속 및 질서를 깨뜨린 자에 대해 공동으로 행하는 절교 행위 등의 소극적 제재 행위를 가리킨다. 무라 하치부를 당하게 되면 장례 및 화재를 제외한 마을의 공동 행사, 예를 들어 결혼, 출산, 제사, 병문안, 주택의 신축·개축, 수해水害 대처, 여행 등의 공동 행사에서 제외된다. 방치하면 위험해지는 장례 및 화재 등의 2할을 제외하고는 나머지 8할의 공동 행사에서 소외된다는 의미에서 이런 이름이 붙여졌다고 한다. 제도적으로는 메이지유신 이후 법적으로 금지되었으나 현재에도 특히 이웃과의 공동 협력이 필요한 농촌 및 어촌에서는 여전히 존재하는 현상으로 생활 불능의 상태에 몰리는 경우도 있다고 한다.

25 에도(현재의 도쿄) 출신의 유학자. 자는 시게노리茂卿, 호는 소라이徂徠 또는 겐엔蘐園이다. 주자학은 억측에 기반한 허망한 언설이라고 하며 주자학에 입각한 고전 해석을 비판하고 고대 중국의 고전을 해석하는 방법론으로서 고문사학古文辭學을 확립했다. 제5대 쇼군將軍인 도쿠가와 쓰나요시德川綱吉의 최측근 영주였던 야나기사와 요시야스柳澤吉保와 제8대 쇼군인 도쿠가와 요시무네

德川吉宗의 정치적 조언자이기도 했다. 특히 쇼군 요시무네에게 바쳐진 정치 개혁론《정담政談》에는 소라이의 정치 구상이 구체적으로 전개되어 있으며, 이후의 경세론에 큰 영향을 미쳤다. 1703년에 일어나 일본 전국을 떠들썩하게 만들었던 아코赤穂 사건(로닌 47인이 주군을 죽게 만든 기라 요시히사를 암살한 사건)을 둘러싼 논의에도 참가했다. 이 사건은 이후 인형극이나 가부키歌舞伎 등을 통해 억울하게 죽은 주군에 대한 복수극으로 널리 알려졌다. 이 사건에 대해 당시의 주자학자들은 주군에 대한 충성의 뜻을 높이 사 그들의 목숨을 구해 줄 것을 주장한 반면, 소라이는 그들의 행위는 의사다운 행동이었지만 어디까지나 사적인 복수인만큼 공적인 정치 행동으로서의 책임성을 명확히 할 것(의사할복론)을 주장해 막부의 방침으로 채택되기도 했다.

26 상점의 출입구에 상점 이름을 써 넣어 드리운 천.

27 에도 시대에 서민의 자제에게 읽기, 쓰기, 계산 및 실무상의 지식·기능을 교육한 민간 교육 시설. 데라코야라는 명칭은 주로 교토 및 오사카 등의 칸사이關西 지방에서 사용되었고, 에도에서는 슈세키시난조手習指南所로 불렸다. 중세 사원寺院에서의 교육에 기원을 두고 있다. 에도 시대에 들어서 상공업의 발전과 이에 따른 문서의 작성·해독 등의 필요에 따라 실무 교육의 수요가 급증해 우선적으로 에도, 교토, 오사카 등의 도시에서 데라코야가 보급되기 시작했다. 이미 에도 시대에 데라코야에 의한 실무적 교육이 서민들 사이에 정착해 에도 시대 말기의 취학률이 이미 70퍼센트를 넘고 있었으며, 메이지유신 직후의 일본의 식자율은 세계 최고 수준이었다.

28 그리스어의 '침범할 수 없는 신성한 장소asulon' 라는 단어에서 유래하는 역사적, 사회적 개념으로 영어의 asylum에 해당한다. '성역', '자유 영역', '피난소' 등으로 불리는 특수 지역으로 통치 권력이 미치지 않는 곳, 즉 일종의 치외법권 지역을 말한다. '아질'로 간주된 장소로는 교회, 신사, 불각 등의 종교적 성지의 요소를 지닌 장소 및 시장과 같이 복수의 권력이 섞인 자유 영역, 교역 장소 등이 있었다. 상업 도시가 무력을 배경으로 한 통치 권력에 대항하는 '자유 도

시'로서 강한 '아질'적 성격을 인정받은 경우도 있다. 단순히 '통치 권력이 미치지 않는 지역'으로서만이 아니라 '큰 통치 권력과 작은 통치 권력이 경합한 결과, 큰 통치 권력의 실효적 지배가 부정당한 지역'이라고 이해할 수도 있다. 그런 의미에서 통치 권력이 크게 통합되어 가는 과정에서 생겨난 과도적 현상이라고도 할 수 있다.

29 15세기 중반부터 중앙 권력이었던 무로마치 막부가 약체화함에 따라 그 후 약 1세기에 걸쳐 도요토미 히데요시에 의한 전국 통일에 이르기까지 일본 전국의 무장 세력 간의 대항쟁 시대가 전개된다. 그때 각지에 할거하며 통치 지역을 일원적으로 지배하면서 분권적인 봉건 국가를 형성한 다이묘들을 가리킨다.

30 가마쿠라 시대에 생겨나 무로마치 시대에 걸쳐 융성한 일본의 전통적인 시 형식의 일종. 여러 사람에 의한 연작 형식을 취하지만 엄밀한 규칙에 의거해 전체적인 구조를 유지한다. 와카和歌의 영향으로 성립했으며, 후에 하이쿠俳句도 여기서 파생되었다.

31 고대 일본의 율령제하에 설치된 관직의 하나로서 음양오행陰陽五行 사상에 의거해 점술·주술·풍수지리 등을 담당한 기능관이었다. 중세 이후는 주로 각지에서 개인적 차원에서 점술·주술·제사를 행하는 민간인을 가리키는 말이 되었다. 현재는 민간에서 개인적인 기도나 점술을 행하는 신직神職의 일종으로서 간주되고 있다.

찾아보기

한 단어 사전, 공사

- 2013년 4월 27일 초판 1쇄 인쇄
- 2013년 4월 29일 초판 1쇄 발행
- 글쓴이   미조구치 유조
- 기획   한림대학교 한림과학원
- 옮긴이   고희탁
- 발행인   박혜숙
- 책임편집   허태영
- 디자인   조현주
- 영업 · 제작   변재원
- 펴낸곳 도서출판 푸른역사
  우 110−040 서울시 종로구 통의동 82
  전화: 02)720−8921(편집부) 02)720−8920(영업부)
  팩스: 02)720−9887
  전자우편: 2013history@naver.com
  등록: 1997년 2월 14일 제13−483호
- ⓒ 한림대학교 한림과학원, 2013

ISBN   978−89−94079−85−1 93900
세트   978−89−94079−89−9 93900

* 이 저서는 2007년 정부(교육과학기술부)의 재원으로 한국연구재단의 지원을
  받아 간행되었음(NRF−2007−361−AM0001).